遼寧省第四批珍貴古籍名録圖録

第二册

《遼寧省第四批珍貴古籍名録圖録》編委會 編

國家圖書館出版社

篆書正卷之一

滄洲戴明說道默篆著

郡人劉夢熊骨朶定

後學馬鳴蕭子乾編

男戴王繪綝 經碧 紳黃 較

一類

一弓弓　七七七

丁个个　三三吉弍

篆正　卷之二

40189　篆書正四卷　（清）戴明説撰　清順治十四年（1657）胡正言刻本

遼寧大學圖書館

鐘鼎字源　卷一上平聲

一東

東　東宮
鼎　穆公
敨　師毁
東　谷口

甘泉上林
宮行鐙　東　館陶
釜
同　商鐘
同　鑄鐘　齊侯

牧敨
石鼓
銅　銅　谷口
銅　甬　武安
銅　侯鈁

銅　銅
宮鼎　汾陰
昚　孝成
金鼎　好時
銅　鼎　蓮勺
鑢

40190　鐘鼎字源五卷　（清）汪立名撰　清康熙五十五年（1716）一隅草堂刻本　遼寧大學圖書館

隸辨卷第一

平聲上

〔東〕第一

東　尹宙碑　北海相景君銘辨秩一行　萊府君之　夏承碑一平相

東　韓勅碑河東大陽　曹全碑陰河一安邑〔按說文東從日在木中碑變從木凡從木之字亦或從木木讀若髀與木異〕

東　韓勅碑陰平陸　近哀　武榮碑遠

同　曹全碑一婁壽碑一張公神碑縣白

僮　服德　孫多商　鹿兮從仙一隸

童（同）

僮（重）

同

僮　傛服德　曹全碑一〔按玉篇僮章用切儱僮行不正也嚴〕釋云以僮為僮

訐碑人僮傛傛亦以僮為僮諸碑從重之字或借用

40191　**隸辨八卷**　（清）顧藹吉撰　清康熙五十七年（1718）項氏玉淵堂刻本　遼東學院圖書館

康熙甲子史館新刊古今通韻 卷之一

翰林院檢討 臣毛奇齡 撰本

〔上下聲〕

上平下平原無取義祇因卷繁分上下耳俗傳上

平爲陽下下爲陰平誤矣丁度集韻直改上

下聲爲平聲上下平聲爲平聲下

韻會專分韻作平聲上平聲下且于其下註云

七音原無上下之分舊韻特以平聲字繁故釐

卷爲二至宋景祐間丁翰林庭始改爲平上平

下其說甚明近重刻廣韻者引舉要此註反駁

古今通韻 卷之一

一

40192　康熙甲子史館新刊古今通韻十二卷　（清）毛奇齡撰　清康熙

二十四年（1685）刻本　遼寧大學圖書館

類音卷第一

音論

聲音元本論上

聲音者先文字而有也人生而有聲既長乃能識字聲止
於一字則多寡不倫或一音而數字或有音而無字字造
乎人而音出乎天者也中古以降字日繁音日變昔人思
有以綜理之而字書韻書出焉然不得其天然之條貫則
如散錢亂卒錯雜而不可整齊自字母之秘啓反切之法
傳而後眾音眾字一以貫之如錢之有繩如卒之有伍且
使天下無字之音可以有字者引之而出字母之功偉矣
然而等韻之書立法未善使人不能無議焉夫立母以貫

40193　類音八卷　（清）潘耒撰　清雍正三年（1725）遂初堂刻本　大連市圖書館

音韻闡微 卷一

一東

見一

公 [廣韻]古紅切[集韻]沽紅切[合聲]姑翁切。說文平分也廣韻通也父也正也官也無私也亦姓 工正韻

功 [廣韻]官也說文以勞定國也廣韻功績也韻會大功小功謂治布有精麤之分或作紅 攻韻

釭 說文車轂中鐵也漢書趙后傳黃金釭

蚣 集韻蟲名廣雅 蜈蝍蝮蚣也 攻刃

博雅鉦謂之釭 集韻杠里地名 說文杠里地名

玒 玉也

杠 見漢書曹參傳

溪一

空 [廣韻]苦紅切[集韻]枯公切[合聲]枯翁切。說文竅也正韻虛也

悾 正韻愨也又無 悾悾 能貌論語悾悾

倥 正韻無知也揚 倥侗顓蒙 子倥侗顓蒙 信而不

箜 也見劉熙釋名

崆 山名又崆 韻會崆峒

音韻闡微 卷一 一東

40194　音韻闡微十八卷韻譜一卷　（清）李光地等撰　清雍正六年（1728）武英殿刻本　遼寧省圖書館

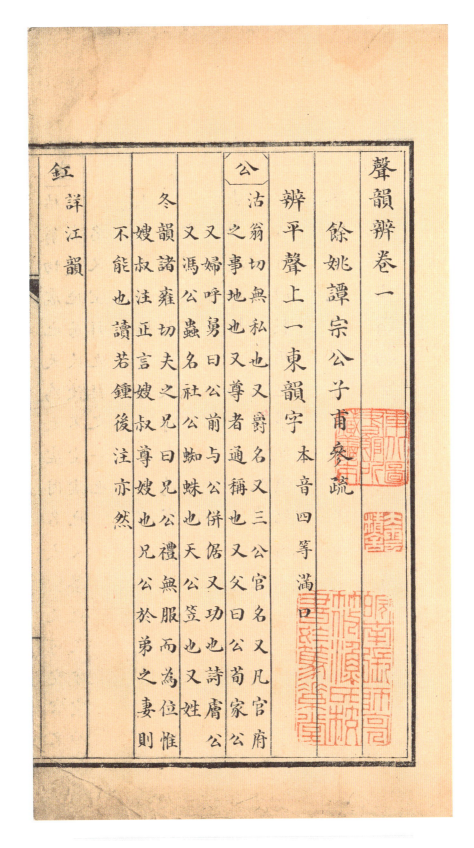

聲韻辨卷一

餘姚譚宗公子甫參疏

辨平聲上一東韻字 本音四等滿曰

〔公〕沽翁切無私也又爵名又三公官名又凡官府
　之事地也又尊者通稱也又父曰公荀家公
　又婦呼舅曰公前与公併据又功也詩膚公
　又馮公蟲名社公蜘蛛也天公笠也又姓
　冬韻諸雍切夫之兄曰兄公禮無服而為位惟
　嫂叔注正言嫂叔尊嫂也兄公於弟之妻則
　不能也讀若鍾後注亦然

〔釭〕詳江韻

40195　聲韻辨八卷　（清）譚宗撰　清抄本　遼寧省圖書館

史記志疑卷一

　　　　　　梁玉繩

五帝本紀第一

黃帝者

案孔子刪書肇於唐虞繫易起于包炎史公作史每祖述仲

尼則本紀稱首不從尚書之防二帝卽從易辭之敍五帝庶

爲允當而乃以黃帝顓頊堯舜爲五何耶于是謂其略三皇

者有之謂其遺羲農者有之謂其缺少昊者有之夫略三皇

可也缺少昊可也而遺羲農不可也蓋先儒舉三皇之名不

一或以天皇地皇泰皇皇爲三或以羲農黃帝爲三或以

女媧或燧人或祝融或其工合羲農爲三或以盤古至燧人

統爲三皇或以羲農黃帝爲天皇地皇人皇而宋羅泌路史

前紀復有初三皇中三皇凡斯衆說半歸誣誕總以年代悠

40196　史記志疑三十六卷　　（清）梁玉繩撰　清乾隆刻本　遼東學院圖

書館

後漢光武皇帝紀卷第一　　袁宏

孝景帝生長沙定王發武帝世諸侯得分封子弟以令
道縣舂陵封發中子買爲舂陵節侯買生鬱林太守外
外生鉅鹿都尉回回生南頓令欽欽生光武皇帝元帝
時節侯之孫孝侯以南方界涇請徙南陽於是以蔡陽
白水鄉爲舂陵侯封邑而與從昆弟鉅鹿君及宗親俱
徙焉湖陽人樊重女曰歸都自爲童兒不正容不出於
房南頓君聘焉生齊武王縯魯哀王仲世祖新野寧平
公主
世祖諱秀字文叔初南頓君爲濟陽令而世祖生夜有
赤光室中皆明使卜者筮之曰貴不可言是歲嘉禾生

皇清開國方畧卷一

太祖高皇帝 癸未年至
丙戌年。

癸未年夏五月征尼堪外蘭克圖倫城。

初蘇克素護河部圖倫城有尼堪外蘭者陰搆

明寧遠伯李成梁引兵攻古哷城主阿太章京。

及沙濟城主阿亥章京成梁授尼堪外蘭兵符。

率遼陽廣寧兵二路進成梁圍古哷城遼陽副

將圍沙濟城城中見兵至逃者半被圍者半遂

40198　皇清開國方畧三十二卷首一卷　〔清〕阿桂等撰　清乾隆五十

一年（1786）武英殿刻本　遼寧省圖書館

皇清開國方畧卷一

太祖高皇帝 癸未年至 丙戌年。

癸未年夏五月征尼堪外蘭克圖倫城。

初蘇克素護河部圖倫城有尼堪外蘭者陰搆

明寧遠伯李成梁引兵攻古哷城主阿太章京

及沙濟城主阿亥章京成梁授尼堪外蘭兵符。

率遼陽廣寧兵二路進成梁圍古哷城遼陽副

將圍沙濟城城中見兵至逃者半被圍者半遼

40199　皇清開國方畧三十二卷首一卷　（清）阿桂等撰　清乾隆五十一年（1786）武英殿刻本　遼寧省圖書館

皇清開國方畧卷一

太祖高皇帝 癸未年至
丙戌年。

癸未年夏五月征尼堪外蘭克圖倫城。

初蘇克素護河部圖倫城有尼堪外蘭者陰搆

明寧遠伯李成梁引兵攻古哷城主阿太章京

及沙濟城主阿亥章京成梁授尼堪外蘭兵符。

率遼陽廣寧兵二路進成梁圍古哷城遼陽副

將圍沙濟城城中見兵至逃者半被圍者半遼

40200　皇清開國方畧三十二卷首一卷　〔清〕阿桂等撰　清乾隆五十

一年（1786）武英殿刻本　遼寧省圖書館

餘生録

余自壬午春伐賊墓米人泅泅謂必招禍不

測余諭之曰如賊果修怨余一身當之定不

爾累眾皆疑信不一而艾朝棟高映元馮起

龍等實為賊之姻黨聞賊行牌至西安有四

月十九日起馬入秦之語遂群謀俟賊到時

執余暨艾詔黑光正等獻賊遂謀啜啜有據

一余歆申聞撫臺而其巡捕常昌運與高映元

一余生録

40201　餘生録一卷 　（清）邊大綬撰　**塘報稿一卷** 　清順治二年（1645）

刻本　大連市圖書館

庭聞録卷一

乞師逐寇

南昌劉健述

吳三桂字月所先世自徽州至高郵州流寓遼東因家焉父驤

母祖氏祖大壽之同懷也三桂自少為邊將勇而敢戰常逐一

騎射之騎墮地佯死三桂下馬取其首騎揮佩刀又三桂鼻血

流被面卒斬其首攜之以歸總監高起潛大喜曰真吾兒上其

功得優敘自此屢遷總兵官鎮寧遠

吳驤字兩環以寧遠前屯中後所籍登天啟二年壬戌科武進

士屢官都指揮使鎮寧遠崇禎四年遼東巡撫邱禾嘉請城大

凌河
陵阿朝命遼師祖大壽索勁旅護版築役八月

40202　庭聞録六卷　（清）劉健述　清抄本　遼寧省圖書館

硃批范時繹奏摺

雍正四年六月二十四日署理江南江西總督印

務總兵官臣范時繹謹

奏為恭謝

天恩事伏念臣庸愚下質恭膺

寵命署任封疆臣自入境抵任以來悉心體察竊念兩

江地方廣遠兵民繁庶其間財賦攸關政令所繫

以及海隅之巡防山陬之保障分任專司其責其繁

凡此皆不待言者

天下事未有難於此者

重必在得人務求實政臣謹將總督衙門遠近歷

硃批諭旨

上諭奉

范時繹

康熙六十一年十一月

詔一道

奉

天承運

皇帝詔曰惟我國家受

天綏祐

太祖

太宗肇造區夏

世祖章皇帝統一疆隅我

皇考大行皇帝臨御六十一年德茂功高文經武緯海宇

寧謐曆數悠長不謂謝棄臣民遠升

康熙六十一年十一月

40204　世宗上諭内閣一百五十九卷　（清）世宗胤禛撰　（清）允祥

等編　清雍正九年（1731）内府刻乾隆六年（1741）武英殿續刻本　遼寧省圖書

館

皇清奏議

敬獻治平三策　順治元年　　　　　　宋權

條陳學政六事　順治元年　　　　　　　曹溶

請汰冗員疏　順治元年　　　　　　　　向玉軒

謹陳勸撫實著疏　順治元年　　　　　　金之俊

請明紀綱定人心疏　順治元年　　　　　朱鼎藩

痛陳民苦疏　順治元年　　　　　　　　衛周亂

請蠲租慰民疏　順治元年　　　　　　　金之俊

宏開泰治疏　順治元年　　　　　　　　郝傑

40205　皇清奏議不分卷　清抄本　遼寧省圖書館

防河奏議卷一

太子太保文華殿大學士兼吏部尚書仍管理江南河道總督事務加六級臣嵇曾筠

會議豫省河工保固事宜

題爲欽奉

上諭事雍正元年七月初七日廷臣怡親王等傳

旨河南巡撫石文焯奏稱黃河沁河之水六月二

十二日長發漫溢姚其營無堤之處衝決詹家

店馬營口堤三十丈着派出大學士張鵬翮前

往河南會同總河齊蘇勒巡撫石文焯侍郎嵇

防河奏議　　　卷一

理學宗傳卷之二

容城孫奇逢輯

門人魏一鼇

長男 立雅 仝編

周子

周元公敦頤字茂叔道州營道人元名敦實避英宗

舊諱生而清明加汲汲於問學一時儒宿名碩靡不

咨扣又時從高人逸士游故問道最先其學精明

微審超然自得於天人性命貞一之統於世泊如也

與人語從容和毅洞中其微隱遇事幾應果遂嚴恕

殉難忠臣録

勳臣

惠安伯張慶臻全家焚死宣城伯衛時春懷鐵券全家投井死

彭武伯楊宗猷自經恭順侯勳衛吳汝徵同妻女縊死永康侯

徐錫　夫人朱氏奉廟主焚死箚獨處一樓足不履地十餘年

戚臣

新樂侯劉文炳叔左都督劉繼祖弟左都督劉文燿投井死冊

杜氏妻王氏妾邢氏二女弟長適武清侯應襲李國瑞恭順侯

應襲吳希彬同焚杰　孝純皇太后御容樓中繼祖妻左氏妾

李氏董氏投井死新城侯王國興自焚死駙馬都尉鞏永固守

崇文門城陷巷戰手辮數賊焚樂安公主柩自刎賊逼四十餘

40208　殉難忠臣録一卷逆賊奸臣録一卷客舍偶聞一卷　〔清〕彭

孫貽撰　清彭如暉抄本　遼寧省圖書館

左宗棠列傳

左宗棠湖南湘陰人道光十二年舉人咸
豐二年粤匪竄湖南犯長沙先後佐巡撫
張亮基駱秉章戎幕游保同知直隸州知
州五年御史宗稷辰奏稱宗棠通權達變
疆吏倚重之迹甚微而功甚偉若使獨當
一面必不下於胡林翼諸人
詔湖南巡撫送部引見六年侍郎曾國藩敍宗棠

左宗棠列傳卷九一 左宗棠

40209　欽定國史大臣列傳□□卷　（清）國史館纂修　清光緒國史館

寫本　遼寧省圖書館

存三卷（九十至九十二）

容甫先生年譜

乾隆九年甲子十二月二十日先君生

是時先祖考居揚州舊城缸巷先祖妣聞深巷哭聲自門外入始生先君許

先君生五十有一年少孤苦露長苦奔走晚苦疾疢終先君之世未嘗有生

人之樂焉著述未成飾終旅館舉室漂泊期功無人更廿餘年家道再立鳴

呼痛哉

十五年庚午

四月五日先祖考兆初先生即世家故貧嘗以筋力致養不能就外傅先祖

姚鄒太宜人口授塾中諸書

先君撰先考靈表云某生七歲寢息嬉遊未嘗不在君側會文弔喪喪置於

抱一食不甘輒囷囷不自得鄉黨戚友莫不異之迨君即世然後知君於某

父子之恩至深而為日至淺故汲汲用之惟恐其不盡即君亦莫能解於心

也又云嘗使某握槊一溢君以箸畫几算之即得其數

40210　容甫先生 [汪中] 年譜一卷先君年表一卷　　（清）汪喜孫
撰　**壽母小記一卷**　　（清）郭尚先等撰　清汪氏抄本　遼寧省圖書館

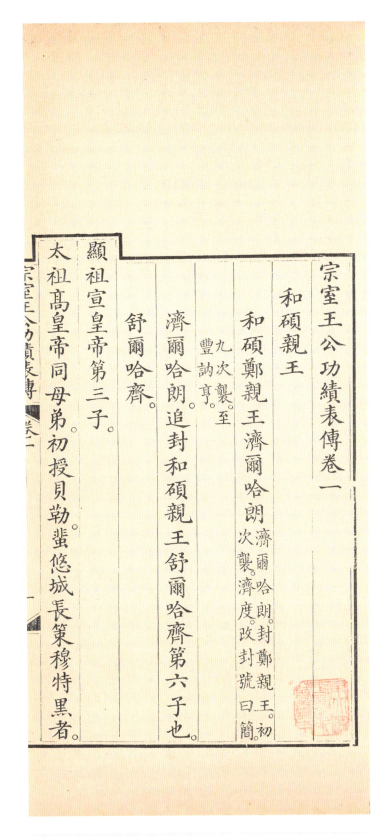

宗室王公功績表傳卷一

和碩親王

和碩鄭親王濟爾哈朗

濟爾哈朗封鄭親王。初次襲。濟度。改封號曰簡。

九次襲。至

豐訥亨。

濟爾哈朗追封和碩親王舒爾哈齊第六子也。

舒爾哈齊。

顯祖宣皇帝第三子。

太祖高皇帝同母弟初授貝勒蜚悠城長策穆特黑者。

40211　宗室王公功績表傳五卷表一卷　〔清〕允祕等撰　清乾隆二十
九年（1764）武英殿刻本　遼寧省圖書館

第二子多羅隱志郡王

奕緯　　　一　子第二子承襲郡王多羅貝勒

嘉慶十三年戊辰四月二十一日未時○

和妃那拉氏所出道光十一年辛卯四月初一日巳時薨年二十一之勝妻沈氏所出是年五月十二日未時薨年

十四歲是月○豐四年十二月二十四日邜時卒

諡曰隱志道光三十繼與多羅隱志郡王年正月奉○○

○旨道封多羅貝勒○二日奉○○旨過○

○旨奕緯為嗣封授多羅

載治　　　五　子第一子溥健

道光十九年己亥正月同治四年乙丑三月二十日未時側室何氏所出武氏所出是年五月十

月○英祀二十日未時側室何

○旨追封多羅貝勒二日奉○○

河東令狐氏族譜

大清乾隆九年歲次甲子孟冬令狐氏闔族重修

第一世　第二世　第三世　第四世

維新耆士塋祖塋
中位配　氏文

子文

耆士塋祖塋
配張氏子如

林得林

如林耆士塋祖塋
配姚氏子至

誠景雲恭禮

至誠耆士塋祖塋
配李氏子廷

桂廷玉延秀

廷全

景雲耆士字元慶
塋祖塋奉

育入忠義祠傳載
邑乘配姚氏

子廷璜延器

40213　河東令狐氏族譜一卷　（清）令狐洼撰　清乾隆九年（1744）刻本　大連市圖書館

天下郡國利病書卷一

輿地山川總論

秀為司空以職在地官以禹貢山川名地從來久矣多

有變易後世說者或強牽引漸以昧暗於是甄摘舊文

疑者則闕之古有名而今無者皆隨事注列作禹貢地

城圖十八篇奏之藏於秘府其序曰圖書之設由來尚

矣自古立象垂制而賴其用三代置其官國史掌厥職

暨漢屠咸陽丞相蕭何盡收秦之圖籍今秘書院無古

之地圖又無蕭何所得惟有漢氏輿地及括地諸雜圖

各不設分率又不考正準望亦不修載名山大川雖有

40214　天下郡國利病書一百二十卷　〔清〕顧炎武撰　清乾隆、嘉慶

抄本　遼寧省圖書館

皇清職貢圖

卷一

朝鮮國夷官

朝鮮國官婦

朝鮮國民人

朝鮮國民婦

琉球國夷官

琉球國官婦

皇清職貢圖　卷一

40215　**皇清職貢圖九卷**　（清）董誥等纂修　（清）門慶安等繪　清乾隆

武英殿刻本　遼寧省圖書館

皇清職貢圖

卷一

朝鮮國夷官

朝鮮國官婦

朝鮮國民人

朝鮮國民婦

琉球國夷官

琉球國官婦

40216　皇清職貢圖九卷　（清）董誥等纂修　（清）門慶安等繪　清乾隆

武英殿刻本　遼寧省圖書館

天下沿海形勢錄

天下沿海形勢從京師天津東向遼海鐵山黃城皮島外對朝

鮮左延東北山海關寧遠盍平復州金州旅順口鴨綠江而抵

高麗右袤東南山東之利津清河蒲臺壽光游會日登州而至

廟島成山衛登州與旅順口南北臨海對峙東懸皮島西阿兩

京登萊是為遼海登州一郡陡出東游盡於成山衛海船往盛

京天津者以成山為標準也成山衛轉西南則靖海大嵩萊陽

鰲山靈山而至江南海州此折登州西南之海也海州而下廟

灣而上則黃河出海之口河濁海清沙泥入海則沉實支條縷

海國聞見錄第二卷

40217　海國聞見錄二卷　（清）陳倫炯撰　清乾隆刻本　大連市圖書館

欽定盛京通志卷之一

聖製

我

國家肇基東土奄有方夏

聖聖相承文明炳蔚當開國之初創業艱難規模宏遠及

夫混一以後崇奉

山陵聰懷豐鎬襃揚舊輔加惠陪都

奎藻繪音焜耀輝映彼過沛三侯不足擬

宸章之萬一矣

太祖高皇帝聖訓

大定盛京通志 卷一

二

40218　[乾隆] 欽定盛京通志三十二卷　（清）汪由敦等修　清乾隆武
英殿刻本　遼寧省圖書館

鄢陵縣志卷之一

輿地志
區域　道里　沿革　星野　古蹟　封建
岡阜　鄉保　村莊　園林　風俗　土產

輿地莫詳於李吉甫之元和郡國志外惟杜佑通
典為最嚴遍典曰凡言地理者多矣在辨區域徵
因草知要害察風土蓋區域不辨無以定道里因
草不徵無以知分合縣區域以嚴因草復縣因草
以嚴區域二者明而後星野古蹟得所考矣要害
在山川關隘而鄢則無是僅岡阜而已封建固因
草之一端而鄉保村莊園林則區域所遞及也故

鄢陵縣志　　卷之一　輿地志　一　　區域

40219　[乾隆]鄢陵縣志二十一卷首一卷　（清）施誠等撰　清乾隆
三十七年（1772）刻本　大連市圖書館

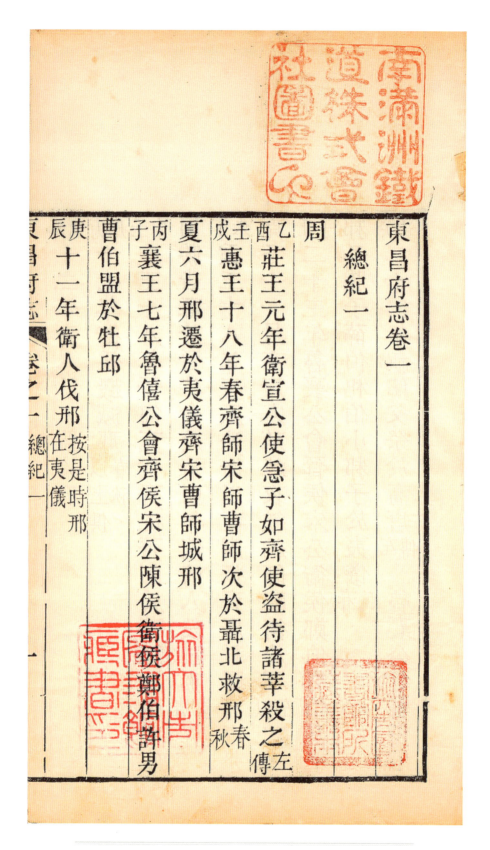

東昌府志卷一

總紀一

周

乙酉 莊王元年衛宣公使急子如齊使盜待諸莘殺之傳左

壬戌 惠王十八年春齊師宋師曹師次於聶北救邢春秋

夏六月邢遷於夷儀齊宋曹師城邢

丙子 襄王七年魯僖公會齊侯宋公陳侯衛侯鄭伯許男曹伯盟於牡邱

庚辰 十一年衛人伐邢按是時邢在夷儀

40220　[乾隆] 東昌府志五十卷首一卷　（清）胡德琳　周永年等纂修　清乾隆刻本　大連市圖書館

南寧府志卷一

輿地志

周子說太極圖謂動靜互根分陰分陽而兩儀立

兩儀之氣昭布乎上而爲星辰流峙於下而爲川

嶽運之四時而有兩暘寒燠行之五方而有燥濕

剛柔凡附麗與地中者皆扶輿之氣所釀積也邑

州僻處迤邐星分翼軫地逼南交其於山勢水形

當審喪險之所在繕營裁損須揆因制之攸宜振

古以來畫疆經野變遷不一與廢靡常要其谷靜

波澄二氣宣囂設險守國百度維新俗美風醇神

南寧府志 卷一 輿地志 圖經 一

40221　[乾隆]南寧府志五十六卷　（清）蘇士俊等纂修　清乾隆刻本　大連市圖書館

南嶽志 卷之一

前知衡山縣事癸卯科舉人高自位重編
知衡山縣事翰林院庶吉士黃　宮　校訂
儒學教諭癸卯科舉人黃有麗　校訂
嶹嶁顒敏本同輯

星次

分星之說幻矣願質凝于下者象懸于上紀地者
必叢宿以爲準衡當翼軫統言楚也衡直軫宿專
言衡也衡嶽古稱壽嶽隸長沙郡軫旁一星曰長
沙星爰王壽　論衡之分自以軫爲屬秋縣土公光

卷之二

40222　南嶽志八卷　〔清〕高自位編　清乾隆十八年（1753）開雲樓刻本
遼東學院圖書館

攝山志卷一

圖序

攝山在江寧府東北山多藥草可以攝生故名攝山
人以重巖如纖名纖山南齊明僧紹隱此捨宅爲寺
山有三峰中峯屹立東西拱抱寺在中峯之麓唐高
宗製明隱君碑碑陰書棲霞二大字因以名寺左有
舍利石塔鎪琢極工隋文帝所建也東通無量殿一
泉曰品外泉殿東有閣翼然曰紫峰循中峯而上有
千佛巖齋時隨石勢鑿成千佛旁有石曰紗帽峰
今上賜名玉冠其前平石曰明月臺自紫峰閣循澗而上

攝山志
卷一

圖說

一

40223　攝山志八卷首一卷　　（清）陳毅等纂　清乾隆五十五年（1790）
蘇州府署刻本　大連市圖書館

靳文襄公治河方略卷之一

楚鄂崔應階吉升甫重編

海昌俞調元爕齋

桂林胡德琳書巢 訂梓

秀水盛百二秦川

華亭張松孫鶴坪

高郵夏曉春南芷 較閱

長興錢大琴素芬

治紀上

自禹之後治水之人多矣而不詳其所治之法

詳所治之法者蓋自歐陽玄至正河防記始也

治河方略　卷一　一

40224　靳文襄公治河方略十卷首一卷　〔清〕崔應階輯　清乾隆三十二年（1767）聽泉齋刻本　大連市圖書館

太湖備考卷一

東山金友理纂述

弟　友琯　校

太湖

太湖為吳中勝地亦為湖中重地源委晰則水利

可修險易明則兵防得要故詳考之匪徒藉以表

名勝佐遊覽也

太湖跨蘇常湖三郡　舊志竝云跨蘇常宣湖四郡誤宣是寧國不濱太

湖也按今太湖邊境屬蘇州者十之五為吳縣長

洲吳江震澤四縣界屬常州者十之三為無錫陽湖宜興荊溪四縣界屬湖州者

十之二為烏程長興二縣界去蘇州府治西南三十六里吳江震澤縣治西

湖州府治北一十八里長興縣治東北三十里宜興荊溪縣治

東四十五里常州府治東南八十里無錫縣治西南一十八里　廣三萬六千

太湖備考卷一　太湖　一

40225　太湖備考十六卷首一卷　〔清〕金友理撰　附湖程紀略一卷

〔清〕吳曾撰　清乾隆十五年〔1750〕藝蘭圃刻本　大連市圖書館

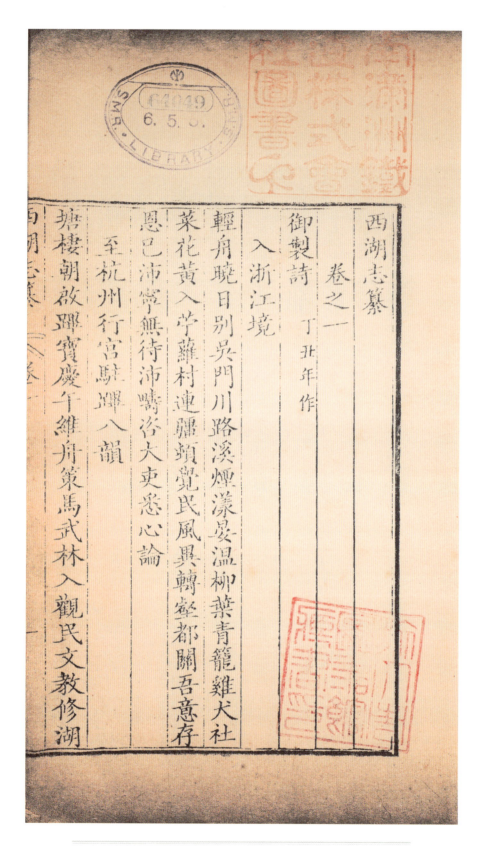

40226　西湖志纂十五卷首一卷　（清）沈德潛等撰　清乾隆二十七年
（1762）賜經堂刻本　大連市圖書館

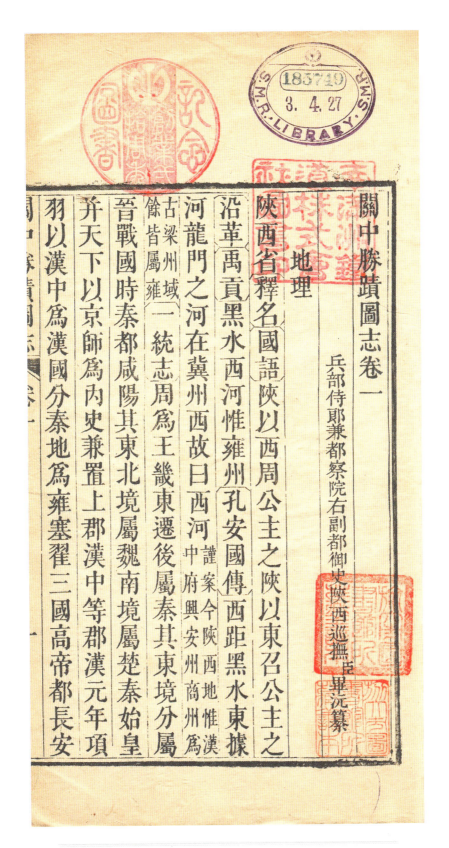

關中勝蹟圖志卷一

兵部侍郎兼都察院右副都御史陝西巡撫 臣 畢沅 纂

地理

陝西省釋名國語陝以西周公主之陝以東召公主之

沿革禹貢黑水西河惟雍州孔安國傳西距黑水東據

河龍門之河在冀州西故曰西河中謹案今陝西地惟漢

古梁州域 一統志周為王畿東遷後屬秦其東境分屬

餘皆屬雍 中府興安州商州為

晉戰國時秦都咸陽其東北境屬魏南境屬楚秦始皇

并天下以京師為內史兼置上郡漢中等郡漢元年項

羽以漢中為漢國分秦地為雍塞翟三國高帝都長安

天府廣紀卷之一

建置

昔黃帝與蚩尤戰於涿鹿之野殺其元凱四海攸同然後合符
釜山而為天子建都涿鹿之阿以兵為營衛即今京師地蓋燕
地在漢以蓢通名為涿至漢高帝六年始分燕置涿郡釜山在
今涿州西與易州界狀如覆釜故名史記索隱謂在東海大明
之墟神其說也今保安州西南九十里有涿鹿山黃帝破蚩尤
於此州東南四十里有軒轅城史記顓頊都於帝丘其北至幽
陵即幽都涿鹿其地最高故曰陵也堯建都於冀燕冀地也古

40228　天府廣紀四十四卷　（清）孫承澤撰　清初抄本　遼寧省圖書館

詞林典故

卷一

臨幸盛典

我

國家誕受

天命百年於茲。

列聖重光德化翔洽。

40229　詞林典故八卷　〔清〕張廷玉等撰　清乾隆十三年（1748）武英殿
刻本　遼寧省圖書館

以涼德勉思

祖宗之蔭庇邇來國家蓄積有餘民間年歲頗豐朕

旻穹之孚祐

上帝未嘗瞬息稍懈賴

且以一心對越

詔曰朕五十餘年上畏下懼以敬以誠覃思上理

恩詔

宸藻一詔　諭

萬壽盛典初集卷第一

聖諭

卷之一

聖諭

雍正元年三月十五日

諭內閣禮部

至聖先師孔子道冠古今德參天地樹百王之模範立

萬世之宗師其為功於天下者至矣而水源木本積

厚流光有開必先克昌厥後則

聖人之祖考宜膺崇厚之褒封所以追遡前徽不忘所

自也粵稽舊制

自也粵稽舊制

40231　祀孔典禮三十五卷　　（清）孔傳鐸撰　　清抄本　　遼寧省圖書館

存二十三卷（一、六至十一、二十至三十五）

太常紀要卷一

祀訓

上以定鼎燕京親詣

順治元年冬十月乙卯朔

南郊告祭

天地即

皇帝位祝文曰大清國天子臣

廟諱敢昭告於

皇

天

后土天下雖大帝鑒無私

光祿大夫太常寺卿加五級臣江蘩編輯

40232　太常紀要十五卷　　（清）江蘩輯　清抄本　遼寧省圖書館

總管內務府現行則例

武備院

建設衙署添裁員役

武備院職掌陳設武備修理器械及賞賜支放

等事 初名鞍樓特設職掌事務侍衛三員員

外郎四員筆帖式十五員庫掌三員庫守二十

四名 順治十一年奏准改為兵仗局 十八

年奏准改為武備院 康熙五年十月奏准凡

建設衙署添裁員役

四

總管內務府現行則例

御茶膳房

額設員役

茶房原設總領三員茶上人八十七名承應掌四
名承應人三十六名清茶房承應掌四名承應
人十六名茶役八名飯房原設總領三員飯房
人三十五名承應掌二名承應人十五名庖掌
三員庖人二十名 康熙十年十月本處奏准

王儀部先生箋釋卷之一

顧王榭用栬父校關

古吳　顧　鼎定九父重編

　　　黄　中致和父訂正

　　　翁居體鏡非父彙叅

名例律

釋曰魏文侯造法經其六曰具律漢加九章具

律如舊曹魏改爲刑名第一晉分刑名法例宋

齊梁後魏因之北齊合爲名例北周復爲刑名。

箋釋　卷之一　名例　一

32710

河南司乾隆四十九年至五十六年

謹查例載黑夜偷竊或白日入人家內偷竊財物被

事主毆打至死者比照竊盜無故入人家已就拘執而

擅殺至死律杖一百徒三年若非黑夜久未入人家

內止在曠野白日摘取蔬果等類俱不得援引此律

守語詳繹例意以黑夜在外偷竊與白日入人家內

偷竊財物事主皆知其為竊賊而毆死賊人究與毆

死平人有別故僅擬滿徒寬事主正以懲盜賊也例

內黑夜偷竊是竊而不入人家者白日入人家內竊

河南司　乾隆四十九年　　　張體道

40236　說帖七十六卷目錄七卷　（清）律例館輯　清道光抄本　遼寧省
圖書館

三次共進書目計四千六百種

除留鈔一千九百九十一種不列外仍實開書目

二千六百九種

內開

曝書亭呈書目一十四種

小山堂呈書目六種

鮑士恭呈書目六百二十六種

吳玉墀呈書目三百五種

汪啟淑呈書目五百二十四種

孫仰曾呈書目二百三十一種

汪汝瑮呈書目二百一十九種

范懋柱呈書目六百二十種

40237　浙江進呈書檔冊不分卷　　〔清〕三寶輯　清抄本　遼寧省圖書館

普祥峪萬年吉地工程備要卷一

目録

頒發關防

履勘丈量地勢

移平誌椿

仿照規制

呈進燙樣

安設工次檔房

40238　普祥峪萬年吉地工程備要全書十卷　清內府寫本　遼寧省圖書館

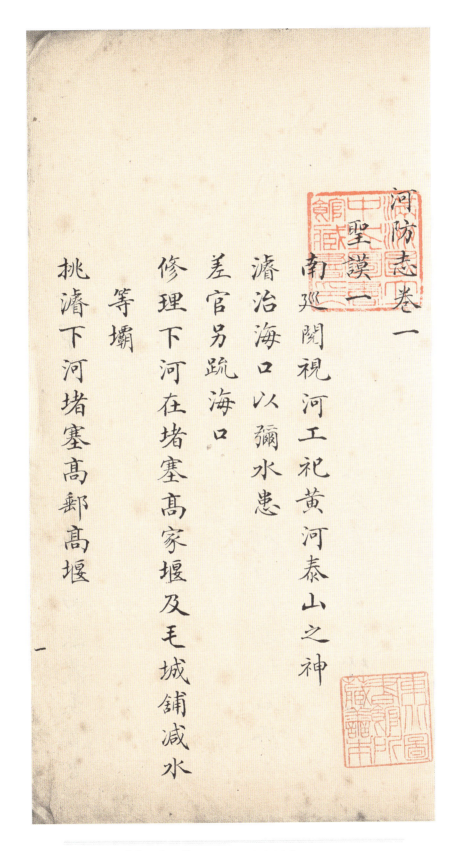

河防志卷一

聖謨一

南巡閱視河工祀黄河泰山之神

濬治海口以彌水患

差官另疏海口

修理下河在堵塞高家堰及毛城舖減水

等壩

挑濬下河堵塞高郵高堰

一

40239　河防志二十四卷　清抄本　遼寧省圖書館

經義考卷一

日講官 起居注翰林院檢討臣朱彝尊恭録

廣西等處承宣布政使司布政使臣李　濤恭校

御注

御注孝經

一卷

順治十三年二月十五日

世祖章皇帝御製序曰朕惟孝者首百行而爲五倫之本天
地所以成化聖人所以立教通之乎萬世而無斁放之於四
海而皆準至矣哉誠無以加矣然其廣大雖包乎無外而其
淵源實本於因心遡厥初生感知孺慕雖在齠齔即備天良
故位無尊卑人無賢愚皆可以與知而與能是知孝者乃生

經義考

40240　經義考三百卷目録二卷　（清）朱彝尊編　清乾隆四十二年（1777）
胡爾滎刻本　瀋陽市圖書館

隸釋卷第一

孟郁脩堯廟碑

成陽靈臺碑 幷陰

孔廟置守廟百石碑

韓勑脩孔廟後碑

史晨饗孔廟後碑

濟陰太守孟郁脩堯廟碑

漢永康元年 缺月 字缺二 惟昔帝堯聖德慶邑弛踊赫

赫蕩蕩垚基赤精之胄爲漢始別陵氣炎熅上交倉

帝堯碑

高朕脩周公禮殿記

韓勑造孔廟禮器碑 陰幷

史晨祠孔廟奏銘

40241　隸釋二十七卷隸續二十一卷　（宋）洪适撰　清乾隆四十二年
至四十三年（1777-1778）汪日秀樓松書屋刻本　大連市圖書館

兩漢金石記卷弟一

　　日講起居注官詹事府詹事兼翰林院侍讀學士臣翁方綱

年月表

柳子厚論文之言曰近古而尤牡麗莫若漢之西京
惟書亦然夫東漢之文音情藻采過於西漢而柳子
獨以牡麗推西漢何我有虞氏之泰夏后氏之山
疊殷之著周之犧象灌尊夏后氏以雞纍殷以斝周
以黃目由質而文固其勢也故曰公爽之有冠禮也
憂之末造也黃山谷亦云以古人爲師以質厚爲本
蓋許叔重爲說文解字祢六書沿八體而秦篆漢篆

金薤琳琅卷一

太僕少卿吳郡都穆

周壇山石刻

周石鼓文

周壇山石刻

吉日癸巳

贊皇縣壇山上有周穆王刻石四字曰吉

日癸巳筆力遒勁有劍拔弩張之狀地荒

且僻歷數千年鮮有知其奇古而往寓目

金薤琳琅　卷一　　二

40243　金薤琳琅二十卷　（明）都穆撰　補遺一卷　（清）宋振譽撰

清乾隆四十三年（1778）汪荻洲刻本　大連市圖書館

錢幣考摘要卷一

天命元年鑄天命通寶錢二品一為國書滿文一

漢字曰天命通寶其滿文一品錢質較大

天聰元年亦鑄錢二品一為滿文一漢字曰天聰通

寶大小各如舊制

順治元年置戶部寶泉局工部寶源局各鼓鑄制錢

文曰順治通寶用漢字每文重一錢開鑄之期曰

40244　錢幣考摘要六卷　清六君子齋抄本　遼寧省圖書館

評鑑闡要卷之一

太昊伏羲氏

始教民佃漁畜牧網

君民之道莫大乎教養伏羲氏作佃漁畜牧
皆所以為養也而教即行其中後世視教養
為二者去古遠矣

炎帝神農氏

始教民藝五穀目

今之民即古之民古之民茹毛飲血初不知

評鑑闡要　卷之一　伏羲氏　神農氏　一

40245　評鑑闡要十二卷　〔清〕劉統勳等撰　清乾隆三十六年（1771）

武英殿刻本　遼寧省圖書館

評鑑闡要卷之一

太昊伏羲氏

始教民佃漁畜牧網

君民之道莫大于教養伏羲氏作佃漁畜牧
皆所以為養也而教即行其中後世視教養

為二者去古遠矣

炎帝神農氏

始教民藝五穀目

今之民即古之民古之民茹毛飲血初不知

40246　評鑑闡要十二卷　　（清）劉統勳等撰　清乾隆三十六年（1771）

武英殿刻本　遼寧省圖書館

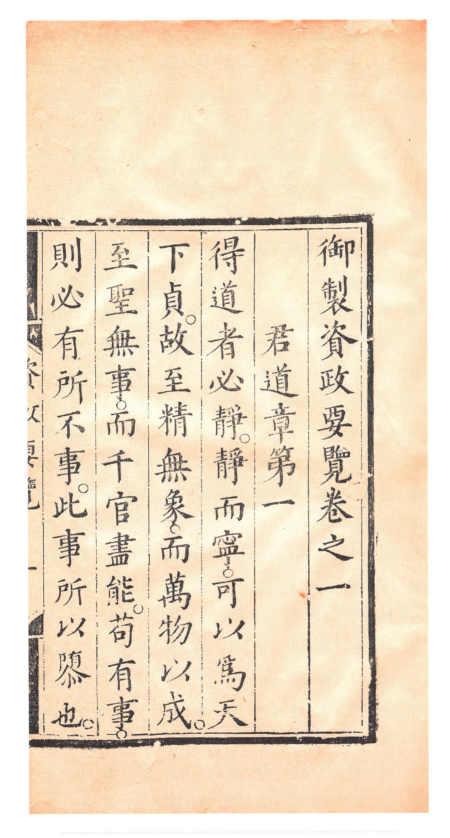

君道章第一

得道者必靜。靜而寧。可以爲天

下貞。故至精無象。而萬物以成。

至聖無事。而千官盡能。苟有事。

則必有所不事。此事所以愿也。

御製資政要覽卷之一

40247　御製資政要覽三卷　（清）世祖福臨撰　清順治十二年（1655）

內府刻本　大連市圖書館

御纂性理精義卷第一

太極圖　周子作　朱子註

朱子曰河圖出而八卦畫洛書呈而九疇敍而孔子於斯文之興喪亦未嘗不推之於天自周衰孟軻氏没而此道之傳不屬更秦及漢歷晉隋唐以至於我有宋五之幽昬莫不洞然使夫天理之微人倫之著事物之衆鬼神之幽顯莫不洞然而推明之當時見而知之有程氏者遂擴星集奎實開文明之運而先生出焉不由師傳默契道統先生之學其妙具於太極一圖通書之言皆發明其藴而程先生兄弟語及性命等章及程氏書李仲通出於三代之前者嗚呼盛哉非探天所畀其孰能與於此其說觀通書之誠動靜理性命等章及程氏書李仲通此圖之藴而程先生兄弟語及性命其說觀通書之誠動靜理性命之際亦未嘗不因其說觀通書之

孝經衍義第一卷

江南提學僉事臣張能鱗恭輯

孝序 凡分二大則

本末之序 衍帝王立德致治之義係第一章孝經義也

易曰大哉乾元萬物資始至哉坤元萬物資生文言

曰元者善之長也君子體仁足以長人

臣按衍孝何以先仁蓋天地之道仁爲貴人之

德仁爲首仁之見端莫先親親故云

孝經衍義 一卷 一

日知薈說卷一

天有四德以化生萬物而元為長聖人有五常
以財成輔相而仁為首非元則萬物不得其生
也非仁則萬物不得其育也聖人之化成天下
亦不過宅吾身於仁之中而即用此仁以仁天
下耳非別有一仁以為用也惟其一仁之所流
貫故能徧覆包涵運量萬物而有餘不然者挾

40250 日知薈說四卷 〔清〕高宗弘曆撰 清乾隆元年（1736）武英殿刻
本 遼寧省圖書館

日知薈說卷一

天有四德以化生萬物而元為長聖人有五常
以財成輔相而仁為首非元則萬物不得其生
也非仁則萬物不得其育也聖人之化成天下
亦不過宅吾身於仁之中而即用此仁以仁天
下耳非別有一仁以為用也惟其一仁之所流
貫故能徧覆包涵運量萬物而有餘不然者挾

40251　日知薈說四卷　〔清〕高宗弘曆撰　清乾隆元年（1736）武英殿刻
本　遼寧省圖書館

日知薈説卷一

天有四德以化生萬物而元為長聖人有五常

以財成輔相而仁為首非元則萬物不得其生

也非仁則萬物不得其育也聖人之化成天下

亦不過宅吾身於仁之中而即用此仁以仁天

下耳非別有一仁以為用也惟其一仁之所流

貫故能徧覆包涵運量萬物而有餘不然者挾

40252　日知薈説四卷　（清）高宗弘曆撰　清乾隆元年（1736）武英殿刻

本　遼寧大學圖書館

戰機覽快覽恨

明通議大夫太常寺卿濟寧陳伯友中怡氏編

曾孫 楷鈔

覽快

初越句踐為吳所敗棲於會稽既而行成反國乃苦身焦
思置膽於座卧即仰膽飲食即嘗膽身自耕作夫人自織
折節下賢厚遇賓客賑貧吊死與百姓同其勞苦二十餘
年其民生長可用乃以伐吳吳王兵敗棲於姑蘇吳使人
行成請曰孤臣異日得罪於會稽孤臣不敢逆命浮與君
王成以歸今君王誅孤臣孤臣意者亦欲如會稽之赦罪

40253　戰機覽快不分卷覽恨不分卷亂機鑑不分卷　（明）陳伯友輯

清陳楷抄本　遼寧省圖書館

治平勝算全書卷一

雙峯年羹堯輯

雜叙戰地

兵法曰凡處軍相敵絕山依谷近水草便利也言　依近

若行軍經過山險須近谷視生處高而面南向也處高

戰隆無登高仰敵人在高我不可自下往此處

山之軍也須教以山戰也戰與平陸不同或登峯陟

嶺或援樹引藤或透隘緣崖絕水必遠水渡也寬敵令客

理須素教又令便習也

針道源流

素問十二卷世稱黃帝岐伯問荅之書及觀其肯意殆
非一時之言。而所撰述亦非一人之手。劉向指為諸
韓公子所著程子謂出戰國之末。而其大暑正如禮
記之萃於漢儒而與孔子子思之言並傳也盖靈蘭
秘典五常正大六元正紀等篇。無非闡明陰陽五行
生制之理配象合德。實切於人身其諸色脉病名針
刺治要皆推是理以廣之。而皇甫謐之甲乙楊上善
之太素亦皆本之於此而微有巽同醫家之綱法無
越於是書矣然按西漢藝文志有内經十八卷及扁

鐵灸大成　卷一

三

40255　針灸大成十卷　（明）楊繼洲撰　（清）李月桂重訂　清康熙十九年（1680）李月桂刻本　遼寧大學圖書館

增補食物本草備考上卷

古番　青羅山人何其言古貞諱　姪省軒甫輯編

水類　三十欵　仙城　阮遂松松陽甫訂正

○雨水

雨水味甘淡性冷無毒可烹茶暴雨不可用養老書云立
春節雨水性有春升始生之氣脾胃清氣下陷者宜用古
方婦人無子是日夫婦各飲一盃還房有孕亦取其資始
發育萬物之義也

食物本草備考上　　水類

40256　增補食物本草備考二卷　（清）何其言　何省軒輯編　清雍正十
年（1732）抱青閣刻本　大連市圖書館

洞天奧旨卷之一

山陰陳士鐸敬之甫號遠公著　曾孫陳鳳輝羽儀甫梓

會稽陶式玉尚白甫號存齋評　玄孫增方澍泗氏校

瘡瘍標本論

〇

凡病皆有標本之異而瘡瘍亦宜知之苟不知標本輕妄施藥不中病情往往生變是標本不可不辨也二者之中本重于標知本而標無難治也世人皆謂瘡瘍生于肌膚何必問其臟腑誰知外生瘡瘍皆臟腑內毒蘊結于中而

40257　洞天奧旨十六卷　（清）陳士鐸撰　清乾隆五十五年（1790）大

雅堂刻本　遼寧中醫藥大學圖書館

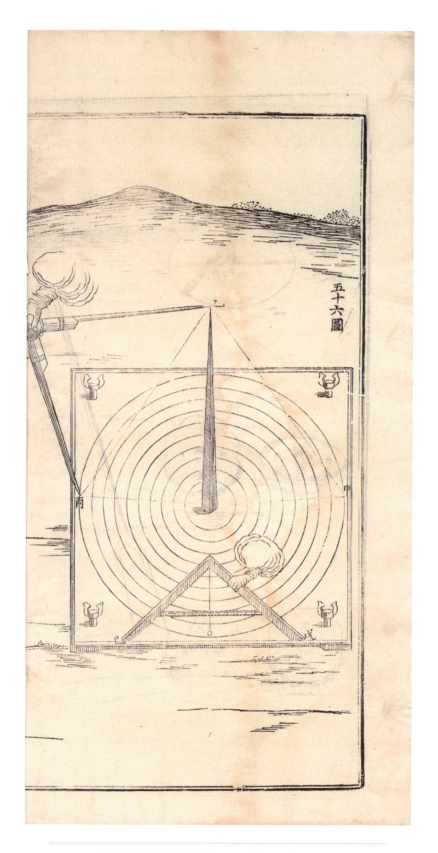

40258　新制儀象圖一百十七幅　（比利時）南懷仁撰　清康熙十三年
（1674）内府刻本　大連市圖書館

欽定選擇曆書卷之一

選擇事類

上冊受封　謂登壇受冊追封謚號等事

宜　月德合

忌　四廢　牢日　獄日　徒隸　死別　伏罪　不舉　罪刑

建破平收閉日

襲爵受封　謂承襲官爵等事

宜　王官民相守日

忌　官符　徒隸　死別　伏罪　不舉　罪刑　四廢　牢日

獄日　破平收閉日　六黑道日

上官赴任　謂奉承恩命臨赴治任等事

宜　王官民相守日

40259　欽定選擇曆書十卷　〔清〕安泰等纂修　清康熙內府刻本　大連市圖書館

書畫跋跋卷之一

月峯孫鑛著　六世孫宗溥宗濂校刻

墨蹟

鍾太傅薦季直表　王氏跋二○首嚴云薦季直表最後出由分湖陸歸蕩口華復
意此神品無上法書
為之刻有以傳唐宋間寥寥爾○意次跋云致陳壽志
絲本傳為魏相國封東武亭侯坐法以侯免封廷尉進封崇鄉
帝即位為大理即徒為
侯之苑太尉而不言作司徒若上米蒂印期宋文
人之苑足也帶恒云生平不見漢魏書故寶晉齋始以

晉齋始以

太傅此表正與蘭亭絕相似背是已退筆於草草不經
意處生趣但蘭亭長此區蘭亭瘦此肥蘭亭今此古然
蘭亭以骨為肉此以肉為骨蘭亭規矩在放縱中此放

亭晉跋文

卷一墨蹟

40260　书畫跋跋三卷續三卷附總目不分卷　（明）孫鑛撰　（清）孫宗溥　孫宗濂校刻　清乾隆五年（1740）居業堂刻本　魯迅美術學院圖書館

西堂雜組一集卷一

賦十首

鴈聲賦

吳下尤侗展成譔

金風草草玉露瀼瀼荻花瑟瑟葭草蒼蒼蟄蟄咽咽兮入

暗壁燕燕勞勞兮別空梁松陰陰兮唳孤鶴椰依依兮叫

寒螿于是紫塞啓朱鳥翔背金微泮蕭湘湘鳳凰臺上海

苔綠鸚鵡洲中葓米黄碧鶏關下寒朝雨烏鵲橋邊帶

暮霜一行兩行兮落蘆花于楚澤一聲雨聲兮冷楓葉

于吳江雜海鷗兮棲沙渚隨野鶩兮掠斜陽啼血兮疑

西堂雜組一集卷一

40261　西堂雜組一集八卷二集八卷三集八卷　〔清〕尤侗撰　清康

熙刻本　遼東學院圖書館

藝林彙考棟宇篇卷之一　　吳江沈自南囿俟輯

宮殿類

蘇氏演義殿共也取衆屋擁從如軍之殿

初學記案叙昔堯有貳宮〈帝王世紀曰堯攝於貳宮〉周有蒿宮〈見大戴禮記〉鄭宮春宮〈見紀〉

湯有鑣宮〈見墨子湯所受命之宮〉

秦有斷年宮信宮梁山宮〈見史記並漢有沛〉年穆王所居宮王所居宮

宮甘泉宮龍泉宮太一宮思子宮後漢有南宮北宮

胡桃宮〈見東觀漢記〉魏有鄴宮〈略見魏〉吳有太初宮昭明宮

見吳地誌　此諸宮皆範金合土而爲之以爲貴也〈見禮記〉亦

炙硯瑣談卷上

武進　湯大奎　曾輅

吾郡山水之美無如荊溪相距百里而近不獲一遊艮

可歎息同邑楊青望宇空與萬璣爲之結伴游龍池作

倡和詩一卷余嘗序之爲之神往癸巳夏余謁選入都

青望贈詩有何妨綠酒酬官俸但乞青山繞縣門之句

明年余隨牒德清繞郭青山宛然詩讖也

楊青望弟旣庭棄儒習賈好作小詩嘗攜其卷示余爲

題一絕云郢中白雪久飄零下里嘈嘈耳倦聽清氣得

來眞不易亂鴉飛盡遠山青集中

40263　炙硯瑣談三卷　（清）湯大奎撰　清乾隆五十七年（1792）亦有生
齋刻本　大連市圖書館

日知録卷之一

三易

夫子言包羲氏始畫八卦不言作易而曰易之興也其於

中古乎又曰易之興也其當殷之末世周之盛德邪當文

王與紂之事邪是文王所作之辭始名爲易而周官大卜

掌三易之法一曰連山二曰歸藏三曰周易連山歸藏非

易也而云三易者後人因易之名以名之也猶之墨子書

言周之春秋燕之春秋宋之春秋齊之春秋周燕齊宋之

史非必皆春秋也而云春秋者因魯史之名以名之也

左傳僖十五年戰於韓卜徒父筮之曰吉其卦遇蠱曰千

乘三去三去之餘獲其雄狐成十六年戰於鄢陵公筮之

日知錄卷之一

三易

夫子言包義氏始畫八卦不言作易而曰易之興也其於
中古乎又曰易之興也其當殷之末世周之盛德邪當文
王與紂之事邪是文王所作之辭始名為易而周官大卜
掌三易之法一曰連山二曰歸藏三曰周易連山歸藏非
易也而云三易者後人因易之名以名之也猶之墨子書
言周之春秋燕之春秋宋之春秋齊之春秋周燕齊宋之
史非必皆春秋也而云春秋者因晉史之名以名之也
左傳僖十五年戰於韓卜徒父筮之曰吉其卦遇蠱曰千
乘三去三去之餘獲其雄狐成十六年戰於鄢陵公筮之

40265　日知錄三十二卷　　（清）顧炎武撰　清康熙三十四年（1695）潘
耒遂初堂刻本　大連市圖書館

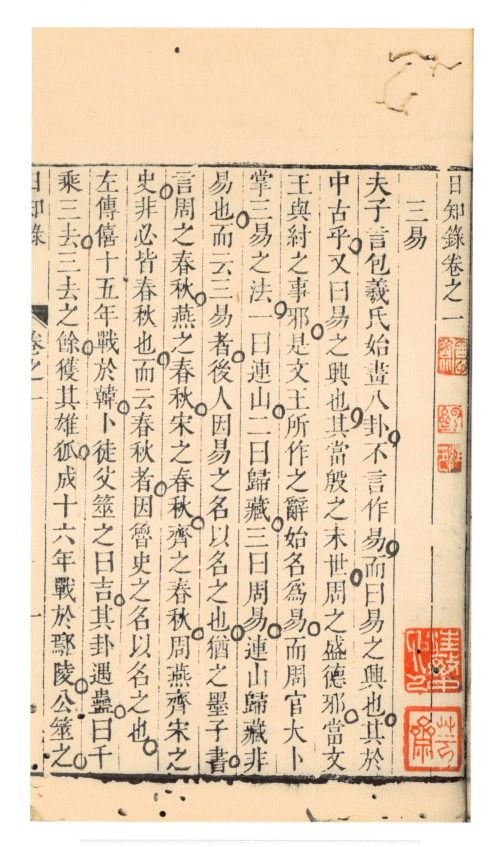

40266 日知錄三十二卷　　（清）顧炎武撰　清康熙三十四年（1695）潘

未遂初堂刻本　遼陽市圖書館

山海經第一

南山經

晉 郭璞 傳

南山經之首曰䧿山其首曰招搖之山臨于西海之上

在蜀伏山山海南之多桂味辛白花叢生山峯冬夏常青

西頭濱西海也多桂葉似枇杷長二尺餘廣數寸

間無雜搖木呂氏春多金玉有草焉其狀如韭九爾雅音

秋日招搖木呂氏春璨日韭音云

霍山亦而青花其名曰祝餘桂茶或作食之不飢有木焉其

多之而黑理穀楷也皮以作紙璨日穀之亦名其華四照

狀如穀而黑理構名穀者以其實如穀也

照地亦此類也見離騷經者光其名曰迷穀佩之不迷有

言有光燄也若木華赤其

獸焉其狀如禺而白耳禺似獼猴而大赤目長尾今江

禺作牛字圖亦作禺字形或南山中多有說者不了此物名

作猴皆失之也禺字音遇伏行人走其名曰狌狌食之

均藻述卷一

成都　楊　慎　撰　長白　福申　校定

平聲

一東

楚南寨瀨湖而野江東　戰國策。原注云
疑有誤字。

元同萬物元同。文子元同。

絢同伏羲樂名。隋志伏羲樂名。

百同王織方千里積

百同百同也。禮注

蜂聚蟻同文選

夷之初旦明而　且五見楊輝棄和取同　荀爽與
之初旦明而　　　　　　　　　　　　　　　　　　與

增定雅俗稽言卷一

　楚章華張見其先生著

　　　　姪孫斯　侗公謹
　　　　　　俠嗣鄭　校訂

天文

盤古

　世俗推原事始輒云自從盤古分天地斯言誤
也、按文選渾天賦盤古何神兮分天地葢不然其說也、
通鑑云相傳首出御世者曰盤古氏五峯胡氏曰盤古
生於太荒不知其始能判天地之道爲三才之首君、是
言其首出明天地非分天地也任昉述異記盤古氏爲
天地萬物之祖亦謂天地生萬物始於盤古時也吳越

雅俗稽言　卷一　　一

三才彙編卷一

嘉善龔在升聞園纂輯

同學顧珵美輝六增著

學人毛　襄華伯叅訂

男龔銘皐淑如同校

聖學

按古之帝王。未有不學問而成聖者也。儒生之學問先明其理。

帝王之學問兼著其事。事與理合而知之極其精行之極其備。

故曰仁知合一存乎聖內聖外王初何嘗有異理哉聖經言大

人之學盡之以明明德而必條舉之曰格致誠正所以言理之

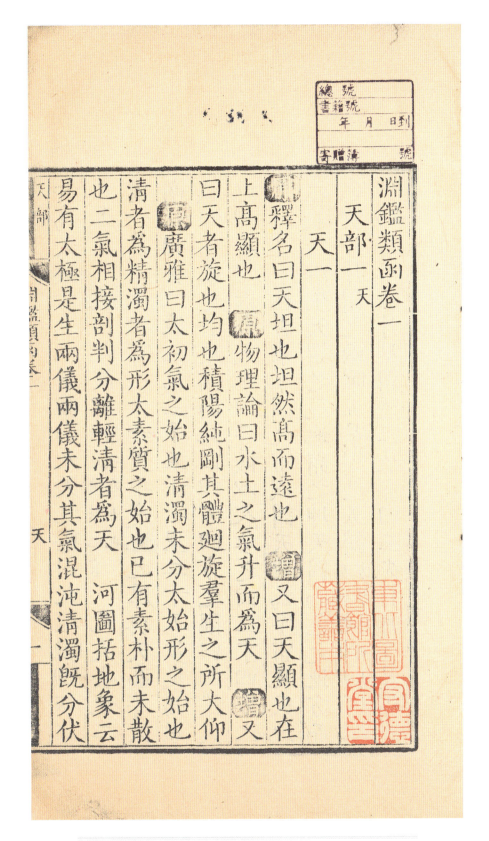

易有太極是生兩儀兩儀未分其氣混沌清濁既分伏

也二氣相接剖判分離輕清者爲天　河圖括地象云

清者爲精濁者爲形太素質之始也已有素朴而未散

廣雅曰太初氣之始也清濁未分太始形之始也

日天者旋也均也積陽純剛其體廻旋羣生之所大仰

上高顯也　物理論曰水土之氣升而爲天

釋名曰天坦也坦然高而遠也　又曰天顯也在

淵鑑類函卷一

天部一　天

天一

40271　淵鑑類函四百五十卷目錄四卷　〔清〕張英等撰　清康熙四十

九年（1710）揚州詩局刻本　遼寧省圖書館

分類字錦卷一

天文

天第一

二字成對

覆幬
禮記 辟如天地之無
不持載無不—

照臨
詩 明明上天
明下土

行健
易 天—

居高
白虎通 天鎮也—
理下為人鎮也

包地
行—之外
蔡邕文 天體運

臨下
詩 有赫—

聽卑
史記宋世家子
韋曰天高—

相協
書惟天陰騭下民
天不言而默

鑒觀
鄭箋 天乃監察天下之莫

定下民是助合其
居使有長生之資
厥居孔傳

分頂字錦 卷一 天文 天

40272　分類字錦六十四卷　〔清〕何焯等輯　清康熙六十一年（1722）

內府刻本　遼寧省圖書館

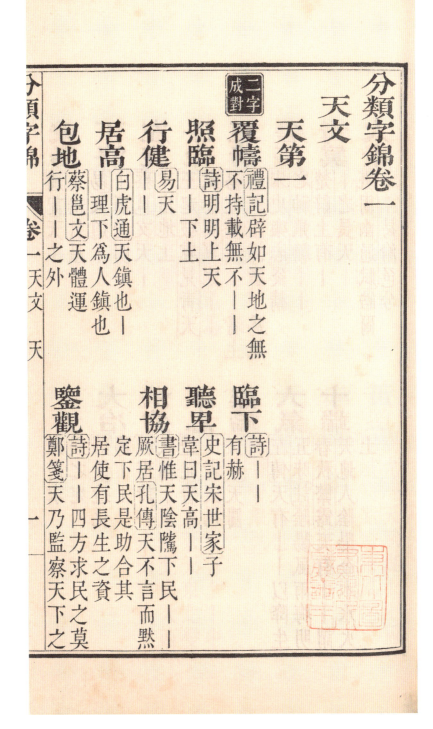

分類字錦卷一

天文

天第一

二字成對

覆幬〔禮記〕辟如天地之無不持載無不——

照臨〔詩〕明明上天下土——

行健〔易〕天——

臨下〔詩〕有赫——

聽卑〔史記〕宋世家子——書日天高——

相協〔書〕惟天陰騭下民——居孔傳天不言而黙定下民是助合其

分頁字錦〔卷一天文 天〕

包地行——之外

居高——〔白虎通〕天鎮也——理下爲人鎮也

鑒觀〔詩〕——四方求民之莫——〔鄭箋〕天乃監察天下之——蔡邕文天體運——居使有長生之資

40273　分類字錦六十四卷　（清）何焯等輯　清康熙六十一年（1722）

內府刻本　遼寧省圖書館

善住意天子所問經卷上

元魏三藏毗目智仙共流支等譯

歸命一切諸佛菩薩

歸命世尊大智慧海

毗盧遮那釋迦牟尼佛法光明

歸命聖者文殊師利大菩薩海

歸命聖者善住意天子徧行大乘者

如是我聞。一時婆伽婆住王舍城耆闍崛山中。與大

比丘眾六萬二千人俱皆是智者之所識知。一切悉

是大阿羅漢。諸菩薩摩訶薩。四萬二千人。其名曰文

善住意天子所問經　卷上

一

40274　善住意天子所問經三卷　（北魏）釋毗目智仙　釋流支等譯　清
雍正十三年（1735）內府刻本　遼寧省圖書館

宗鏡録卷一 并序

宋慧日永明妙圓正修智覺禪師延壽集

伏以眞源湛寂覺海澄清絕名相之端無能所之迹
最初不覺忽起動心成業識之由爲覺明之咎因明
起照見分俄與隨照立塵相分安布如鏡現像頓起
根身次則隨想而世界成差後則因智而憎愛不等
從此遺眞失性執相徇名積滯著之情塵結相續之
識浪鎖眞覺於夢夜沉迷三界之中瞖智眼於昏衢
匍匐九居之內遂乃縈業繫之苦喪解脱之門於無
身中受身向無趣中立趣約依處則分二十五有論

40275　宗鏡録一百卷　（宋）釋延壽輯　清雍正十三年（1735）内府刻本
遼寧省圖書館

御錄宗鏡大綱卷一

慧日永明妙圓正修智覺禪師宗鏡錄序

伏以眞源湛寂覺海澄清絕名相之端無能所之迹。最初不覺忽起動心成業識之由爲覺明之咎因明起照見分俄興隨照立塵相分安布如鏡現像頓起根身次則隨想而世界成差後則因智而憎愛不等。從此遺眞失性執相徇名積滯著之情塵結相續之識浪鎖眞覺於夢夜沉迷三界之中瞖智眼於昏衢匍匐九居之內遂乃縈業繫之苦喪解脫之門於無身中受身向無趣中立趣約依處則分二十五有論

萬善同歸集卷一

妙圓正修智覺永明壽禪師述

夫眾善所歸皆宗實相如空包納似地發生是以但
契一如自含眾德然不動真際萬行常與不壞緣生
法界恒現寂不閡用俗不違真有無齊觀一際平等
是以萬法惟心應須廣行諸度不可守愚空坐以滯
真修若欲萬行齊興畢竟須依理事理事無閡其道
在中遂得自他兼利而圓同體之悲終始該羅以成
無盡之行若論理事幽旨難明細而推之非一非異
是以性實之理相虛之事力用交徹舒卷同時體全

重訂教乘法數卷一

重訂教乘法數　卷一

心
- 十地論云三界無別法唯是一心作。心爲萬法之本。
- 北齊文禪師閫中論悟三智心。
- 中得以授南岳立爲一心三觀。故以一心居初。一乃諸數之首。
  - **一障**　華嚴行願　一切障。　品云。一障
  - **一斷**　華嚴行願　一切斷。　品云。一斷

性
- 涅槃云。二正因性謂眾生皆具此性與佛無二。
- 古德云智照融通法性常一。
- 華嚴云皆同一性所謂無性即一真如性。

佛
- 一佛成道法界無非
- 此佛之依正又若思
- 惟一佛即見十方佛。
  - **一德**　圓覺略釋入　兼修眾德一　德徧攝眾人。
  - **一智**　起信云只是　一智義用有　殊即真俗也。

40278　**重訂教乘法數十二卷**　（清）世宗胤禛重訂　清雍正十三年（1735）

內府刻本　遼寧省圖書館

御選大智圓正聖僧肇法師論

肇論序

慧達率愚序長安釋僧肇法師所作宗本不遷等四論
曰有美若人超語兼默標本則句句深達佛心明末則
言言備通泉教達猥生天幸逢此正音每至披尋不勝
手舞誓願生生盡命弘述夫神道不形心敏難繪聊寄
一序請俟來哲蓋大分深義厥號本無故建言宗旨標
乎實相開空法道莫逾真俗所以次釋二諦顯佛教門
但圓正之因無尚般若至極之果唯有涅槃故末啓重
元明衆聖之所宅雖以性空擬本無本可稱語本絕言

御選語錄

卷一僧肇論序

一一

40279　御選語錄十九卷　（清）世宗胤禛選　清雍正十一年（1733）內
府刻本　遼寧省圖書館

楚辭卷第一

離騷經章句第一　離騷

隋唐書志有皇甫遵訓參解楚辭
七卷郭璞注十卷宋處士諸葛楚辭
辭音一卷劉杳草木蟲魚疏二卷
孟奧音一卷徐邈音一卷始漢武
帝命淮南王安爲離騷傳其書今
亡按屈原而不亂若離騷者可謂
小雅怨誹而不亂若離騷者可謂
兼之矣又曰蟬蛻於濁穢以浮游
塵埃之外不獲世之滋垢皭然泥
而不滓推此志雖與日月爭光可
也班孟堅劉以作傳于漢宣
登太史公取其語以爲淮南王語
帝時九江被公取之能爲楚詞隋有僧
道騫者善讀楚辭能爲楚聲音韻清
皆祖騫公之音切至唐傳楚辭者

40280　楚辭十七卷　〔漢〕王逸章句　〔宋〕洪興祖補注　清初毛氏汲古閣刻本　遼寧大學圖書館

屈子貫卷一

受業楊夢熊男吉編次

胞兄張 易恆占叅訂

叔祖張士琦天申叅定 　陸　緗紀雲

嘉定張 　詩原雅纂輯　同學嚴 勤宜全校閱

離騷 　　　　　　　茅　茹彙吉

離遭也騷憂也

帝高陽之苗裔兮。朕皇考曰伯庸攝提貞於孟陬兮惟

庚寅吾以降。叶予工切

40281　屈子貫五卷　　（清）張詩撰　清康熙四十年（1701）刻本　遼寧大學圖書館

楚辭卷一

蒲城　屈復新集註

宗姪　汝州　啟賢編
曾孫　　　來泰錄
受業　同邑　王垣校

離騷經第一

史記離騷猶離憂也、王逸曰離別也、騷愁也、經徑也、言已放逐離別中心愁思猶依道徑以諷諫君也、班固曰離猶遭也、騷憂也、明已遭憂作辭也、應邵曰離遭也、騷憂也、顏師古曰離遭也、

離騷經

離騷經者屈原之所作也屈原名平與楚

同姓仕於懷王爲三閭大夫三閭之職掌

王族三姓曰昭屈景屈原序其譜屬率其

賢良以厲國士入則與王圖議政事決定

嬚疑出則監察羣下應對諸侯謀行職修

楚辭卷第一

華亭姚培謙平山節註

于越梅花菴珍藏

楚辭菴二

離騷

40283　楚辭節注六卷　（清）姚培謙撰　**楚辭葉音一卷**　（清）劉維

謙撰　清乾隆六年（1741）刻本　遼寧大學圖書館

楚辭卷一

離騷

離，別也。騷，愁也。篇中有余既不難離別語，蓋懷王時

初見斥疎，憂愁幽思而作也。

帝高陽之苗裔兮朕皇考曰伯庸攝提貞於孟陬切則謳兮

惟庚寅吾以降皇覽揆余于初度兮肇錫余以嘉名名

余曰正則兮字余曰靈均。

高陽顓頊有天下之號顓頊之後有熊繹者事周成

王封於楚傳國至武王熊通生子瑕受屈爲卿因以

蔣驥註

40284　山帶閣注楚辭六卷首一卷餘論二卷說韻一卷　（清）蔣驥撰

清雍正五年（1727）蔣氏山帶閣刻本　遼寧大學圖書館

劉隨州詩卷之一

于湖後學韋袛譏嚴有編次

五言古詩

從軍六首

廻首虜騎合城下漢兵稀白刃兩相向黃雲愁不

飛手中無尺鐵徒欲穿重圍

其二

目極鴈門道青青邊草春一身事征戰匹馬同辛

勤末路成白首功歸天下人

杜工部五言詩選直解卷一

四明范廷謀省菴註釋

杜詩沉鬱頓挫沉鬱者其意頓挫者其法不得其
意則法亦無從得余桃籍杜詩三十餘年甲辰需
次歸京師挈男城姪坊從律從徹互相訂釋各出
新奇多所啟發倉卒成帙其間不無影響疑似之
處丁未羈跡三山取公年譜讐對之爽然若失於
是苦心焦思無間晨夕以意逆志恍與浣花老人
晤對几席間不覺融會貫通於心胸向之所謂新
奇均屬隔膜矣脫稿後名其編曰醒疑遂質之千
波汪先生先生曰古今註杜猶如聚訟未有若斯
編之意法兼得確切簡易為學詩津梁當
以直解名編而問於世因付之剞劂氏大方君子
勿以訓詁見誚則幸矣　　　　廷謀再識

杜詩直解　卷一

登兗州城樓　為兗州司馬公往省視登南樓作

唐書兗州魯郡屬河南道公父閒

稼石堂

40286　杜詩直解五卷　（唐）杜甫撰　（清）范廷謀注釋　杜工部年
譜一卷　（清）范廷謀撰　清雍正六年（1728）稼石堂刻本　遼東學院圖書館

讀杜心解卷一

無錫前碉浦起龍二田講解

弟起麟三玉叄讀

卷一之一　五古

起玄宗開元間至肅宗至德二載

40287　**讀杜心解六卷首二卷**　（清）浦起龍撰　清雍正二年至三年（1724–1725）浦氏寧我齋刻本　遼東學院圖書館

韓昌黎詩集編年箋注卷一　桐城方世舉扶南考訂

芍藥歌　一本作王司馬紅芍藥歌

丈人庭中開好花更無凡木爭春華翠莖紅蕋天力與此恩

不屬黃鍾家溫馨熟美鮮香起似笑無言習君子霜刀鸛汝

天女勞何事低頭學桃李嬌癡婢子無靈性競挽春衫來比

並欲將雙頰一睎紅綠窗磨遍青銅鏡一樽春酒甘若飴丈

人此樂無人知花前醉倒歌者誰楚狂小子韓退之

不屬黃鍾家〔月令仲冬之月律中黃鍾按黃鍾宮音宮者君也句言不屬當謂王司馬本為朝士以不〕

得於君出為司馬其用之芍藥者埠

雅釋草芍藥榮於仲冬華於孟夏習丈人不習恭温嬌

論陶侃候狗我所習皆謂深知熱習也

君子　司馬霜刀　左右揮霜刀杜甫詩饕子天女史記

昌黎詩集箋注　卷一

雅雨堂

40288　韓昌黎詩集編年箋注十二卷　（清）方世舉撰　清乾隆二十三年（1758）盧見曾雅雨堂刻本　遼東學院圖書館

施註蘇詩卷之一

漫堂先生宋　犖　閱定　　　　　長洲顧嗣立

槧園先生張榕端　　　　毗陵邵長蘅　刪補

　　　　　　　　　　　商丘宋　至

詩四十七首　起嘉祐辛丑十二月赴鳳翔任盡　壬寅在鳳翔作　施註缺今補

辛丑十一月十九日旣與子由別於鄭州西門

之外馬上賦詩一篇寄之

不飲胡爲醉兀兀此心已逐歸鞍發　猶自念庭闈

今我何以慰寂寞登高回首坡隴隔惟見烏帽出復沒

苦寒念爾衣裘薄獨騎瘦馬踏殘月路人行歌居人樂

陵陽先生集卷第一

中書舍人韓駒子蒼

古詩

　上陳瑩中右司生日詩

悠悠大塊間萬類紛相敵偉哉援俗人真寧豈無力

六經隔邪說諸儒用一律天未喪斯文公生抱絶識

著書羅古今躭策開胷臆前輩幾欲盡後來昧所適

天將激頹波公生秉孤直數諫難居中三已無慍色

傅忠肅公文集卷上

詩頌末附

用蔗夫韵招諸友登清微

束帶縛吏事發狂中憤與世情多畵朋嗜否惡背憎絕懷數君

子皎皎瑩壺冰披雲見顏色翠光露鋒稜形到坦率高論破

炎蒸蕭然嘉譽在映我獨無稱文塲屢交鎬師老畏侵凌况復

時雨過綠苗畟千塍便當共臨眺此興那可勝孤亭枕簟佳下

有寒潭澄仰看霞綺散坐待月華升嘲咏緜歡謔明朝期再登

廳夫有會當歸去來之句復次前韵

少小尚奇偉長年病莫興折腰仕五斗詎敢論好憎居然畏罪

傅集卷上

聖道齋

40291　傅忠肅公文集三卷　（宋）傅察撰　清彭元瑞知聖道齋抄本　遼寧省圖書館

西山先生真文忠公文集卷第一

明後學武陵楊

明後學蘭陵丁

辛先甲父

　伏廬交重修

　　重較

宋贈銀青光禄大夫正統三年春
聖旨追封浦城伯真先生本傳

真德秀字景元後更景為希浦城人四歲受書過目
成誦登慶元進士第授南劍州判官後中博學宏詞
科入閩帥幕召為太學正嘉定初遷博士累遷趙居
舍人奏權奸擅政十有四年朱熹彭龜年以抗論逐
呂祖謙周端朝以上書斥當時近臣猶有靜之者其
後呂祖泰之賕泝惟近臣莫敢言而臺諫且出力擠

九靈山房集卷之一

男戴禮叔儀類編

從孫侗伯初同編

山居彙

四言詩

平饒信詩并序

迺者中原徼擾列郡繹騷

王師下征負嵎不服交至精兵四集遂復哭出東南

轉攻武昌延及饒信有老公為江浙行省左丞實

被命分討以當饒信之衝公方帥師上道而衢之開

40293　九靈山房集三十卷　（元）戴良撰　清康熙四十三年（1704）抄

本　遼寧省圖書館

存二十七卷（一至三、七至三十）

九靈山房集卷第一

　　　　　　　　　　山居藳第一

四言詩

平饒信詩并序

廼者中原俶擾列郡繹騷王師下征頑鄙不服及至
精兵四集遂復突出東南轉攻武昌延及饒信時老
老公爲江浙行省左丞實被命分討以當饒信之衝
公方師師上道而衢之開化常山江山亦相繼陷勢
甚張橫乃兼行至衢令諸將分守三縣之巇間出挑
戰以挫其鋒已而所向俱捷因急擣玉山以奪信城
信城既下寇猶三面固守扼江爲陣諸將領兵四進

張龍湖先生文集卷之一

頌

嘉禾頌有序

西苑瑞穀一莖而三穗者五一莖而雙穗者百一伏

蒙諭示臣等臣幸際昌期獲覩盛美忻抃無已竊稽

之瑞應圖曰嘉禾五穀之長王者德茂而太平則生

又曰德下至地則嘉禾生周公曰三穗一苗天下其

和爲一乎蓋禾也者和之謂也穀也者善之謂也詩

曰俾爾戬穀言盡善也惟人君和德於上善及萬物

則天地有嘉禾瑞穀之應是故同穎見於周書六穗

40295　張龍湖先生文集十五卷　（明）張治撰　清雍正四年（1726）彭

思眷刻本　大連市圖書館

繆文貞公文集卷上

江陰西谿繆昌期著

論

愛君以周公為法　天啓辛酉湖廣程

古之君子所謂愛其君者非獨愛其君也愛其君之

所以託天下也故必以安危之機審之君安而安君

危而危此夫天下受之君者也形神安而安形神危

五世孫　敬持　諟編次重刊

義持　念祖　夢許

六世孫　紹祖　夢薛　校字

東皋錄卷上

飛鯨樓詩

崇樓言言上下太清鳴鍾在懸飛鯨是名在昔先民制

器尚形取類相感用欲其聲此方真教由聞而入証敷

法音貽我玄極假物以鳴與世作則震驚天于群俄

息雖此積善靈僧之宮爰作斯樓警昏啓蒙侯誰尸之

曰沙門惠公胡漬千成弘誓在躬瞻彼飛樓嶒于東海

華鯤在茲蒲年震駭若輪乃朝音場無礙於千萬年迷

考永頼

主復菴賀樂齋

二

陳安甫小草

虎丘懷古

樹色煙光結莫陰白雲千頃抱孤峯聽經石老禪機息淨魃池

荒霸業沉古殿秋風黃藥蕭斷碑春雨綠苔深年々歌舞人如

夢嶕月巖花自古今

春夜旅懷

散裘短氣不勝貧天地無家愧此身囊底黃金百斤盡鬢邊白

髮數莖新愁來雲暗殊鄉月夢去花飛故苑春芳草萋々歸未

古吳安甫陳堯德著
孟碩卜舜年閱

40298　陳安甫小草一卷　（明）陳堯德撰　清抄本　大連市圖書館

于清端公政書卷之一

後學　　平江蔡方炳

西陵諸匡鼎　編次

家孫　　于準敬錄

羅城書

　條陳引鹽利弊議

看得柳屬地瘠民貧兼以猺獞雜處自入版圖

以來從無引鹽舊例因粵東積引壅滯疏通無

于清端公政書　　卷之一　羅城書　　一

借園雜集叙

天下盡借也有善借者有不善借者善借者旋借而旋還
之人不貪天不妒而不覺其借不善借者巧贖而巧通之
人爭之天致之而卒歸于借善借莫如詩三百篇之中孰
非借之人情物理孰非還之溫厚和平借猶不借耳嗣後
漢魏借之六朝借之唐更借之以為羅而三百篇之原本
逌也久矣迄于今詩滿天下第人自為家摘詞亦異寒酸
者其詞甲豪華者其詞蕩館飣者其詞蕪出磊者其詞激
彌喬者其詞襲惣之外借郭郭內翰肺腑莫之能逌即人
白雪而家陽春不為識者所姍笑哉士瞻祝子弱冠同余

40300　借園雜集不分卷　　（明）祝守範撰　清抄本　遼寧省圖書館

蒿菴集卷上

天道論上

濟陽　張爾岐撰

吾鄉邢先生作天道難知論以紓其怨予讀而傷之釋曰

天道之難知也求天道者之自為不可知也其視天若有

國之君然曰懸賞罰以待功罪錄之而徇之毋怪其愈推

而愈不應也推而不應因以哀君子之心而作小人之氣

吾懼其說之長也夫天與人之相及也以其氣而已寄其

氣與人而質立質立而事起事起而勢成而天之氣因之

任之若水之行於山崖澗谷莽曠之墟為奔為跳為洄洑

40301　蒿菴集三卷　（清）張爾岐撰　**附錄一卷**　清紅豆齋抄本　遼寧
省圖書館

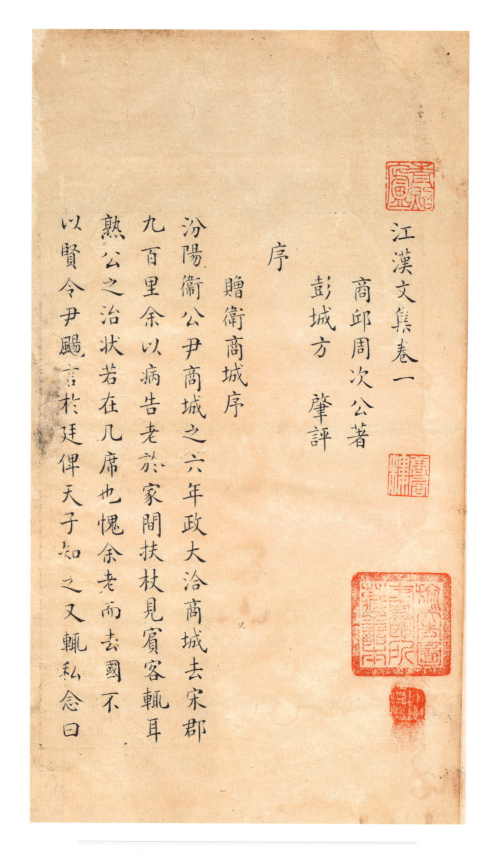

江漢文集卷一

商邱周次公著

彭城方　肇評

序

　贈衛商城序

汾陽衞公尹商城之六年政大洽商城去宋郡
九百里余以病告老於家閒扶杖見賓客輒耳
熟公之治狀若在几席也愧余老而去國不
以賢令尹颺書於廷俾天子知之又輒私念曰

40302　江漢文集九卷　　〔清〕侯方域撰　清抄本　羅振玉跋　大連市圖書館

鏡帶　竹枝詞

湘字離合楚山句起右旋瀟湘字止中爲沐右爲目中爲木右爲相左

爲泪左爲水全爲湘

七言絕一首

楚山如沐曉蒼蒼目斷長沙木落黃借問相思多少泪恰如流水下瀟湘

旋幾碎帛

上卷

二

40303　璇璣碎錦二卷　〔清〕萬樹撰　清乾隆五年（1740）江氏栢香堂刻
本　大連市圖書館

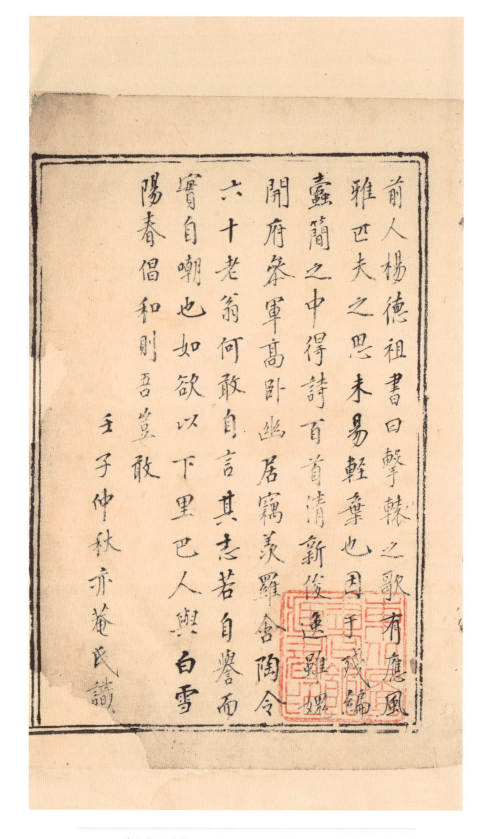

前人楊德祖書曰擊轅之歌有應風
雅匹夫之思未易輕棄也因于戊編
蠹簡之中得詩百首清新俊逸嬻
開府參軍高卧幽居竊羨羅含陶令
六十老翁何敢自言其志若自譽而
實自嘲也如欲以下里巴人與白雪
陽春倡和則吾豈敢
　　　　壬子仲秋亦菴氏識

40304　嘯台集不分卷　〔清〕楊濬吉撰　清抄本　遼寧省圖書館

文貞公集卷一

賦

　南苑賦

京口　張玉書素存著

皇清御宇體陰叶陽作京燕都六合殷昌闢九筵而觀

萬國象高闕於天閶鬱彼

御苑肇啟朱方延袤百六十里亘以馳道繚以周牆匪

有雕文鈕砌金璧飾瑤與夫珍禽異獸羅弋於絕域怪

木詭石輪蓁乎八方蓋

先皇帝經營天下十有八載常恐一物踰度泰而弗康

也

御製文集卷第一

勅諭

諭户部

前以尔部題請直隷各省廢藩田產差部

員會同各該督撫將荒熟田地酌量變價

今思小民將地變價承買之後復徵錢糧

御製文集　卷一　勅諭　一

葆璞堂詩集卷一　　　　光山胡煦滄曉

勵志篇

几案盛書帙探閱渺無極荆榛迷道路俯仰增歎
息伭儗及行踪志氣轉皇惑關梜在何許端委不
可得虔修一辦香質之賢聖側神若甚之言在昔
有儀式大禹惜寸陰皇皇於日昃孔子扼其萃發
憤且忘食自顧何如者乃不自整飭恭為德之基
惰者德之賊志懈宜自慭意馳宜自力不愻與不
力因循蠹嫩德勿謂天聽遙感通難遽測見聞不

40307　葆璞堂詩集四卷文集四卷　（清）胡煦撰　清乾隆三十七年
（1772）家刻本　大連市圖書館

327

閒青堂詩集卷第一

東海　朱倫瀚　涵齋

丙子至癸未詩一百一十首

夜起步月

夜深眠不定泛泛若隨舟月白湖光淡風微樹影浮遠村

聞吠犬夾岸起驚鷗說道愁難卻吟成興自幽

讀書迴龍寺

禪室遠人事心閒眾妙香莓苔榮古木蛺蝶近繩牀帆影

過窗疾藤陰入月涼棲習靜者得意每相忘

前題和友人韻

閒青堂詩集　卷一

40308　閒青堂詩集十卷附錄一卷　〔清〕朱倫瀚撰　清乾隆四十三年
〔1778〕刻本　大連市圖書館

翼堂詩集上卷

山陽邱迴爾求著

小烏　丁邜七月哭　先安人作

桑顛啞啞小烏育大烏息小烏返哺大烏食烏命

不違兮烏性則攄我獨匪人兮烏不如壬戌之歲

兒十一齡母棄兒伶仃仰天長號天弗應母恩蕩

蕩罔有極廿吉歰不効寸力人生有子亦何益星

霜荏苒忽五易年紀雛小猶記母顏色夢中見母

翼堂詩集

一

40309　翼堂詩集二卷　　（清）邱迴撰　　清乾隆十四年（1749）刻本　大連
市圖書館

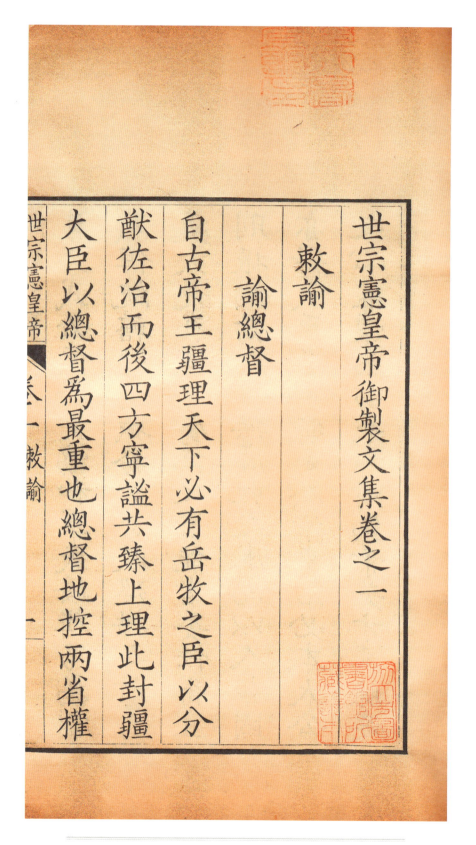

世宗憲皇帝御製文集卷之一

敕諭

諭總督

自古帝王疆理天下必有岳牧之臣以分

猷佐治而後四方寧謐共臻上理此封疆

大臣以總督為最重也總督地控兩省權

40310　世宗憲皇帝御製文集三十卷附交輝園遺稿一卷　（清）世

宗胤禛撰　清乾隆三年（1738）内府刻本　大連市圖書館

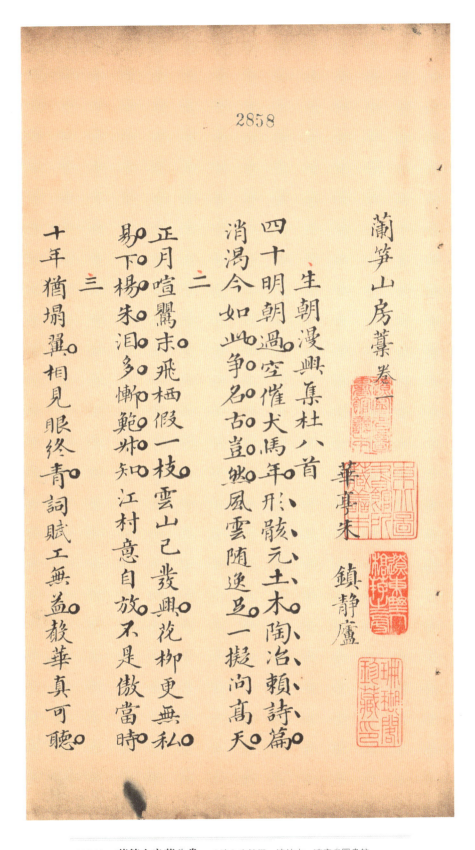

蘭笋山房藁卷

華亭朱鎮静廬

2858

生朝漫興集杜八首

四十明朝過空催犬馬年、形骸元土木、陶冶賴詩篇、消渴今如此、爭名古豈然、風雲隨逸足、一擬尚高天。

二

正月喧鸎末飛栖假一枝、雲山已發興、花柳更無私、易下楊朱淚、多慚范蔚知、江村意自放、不是傲當時。

三

十年猶塌翼相見眼終青、詞賦工無益、教華真可聽。

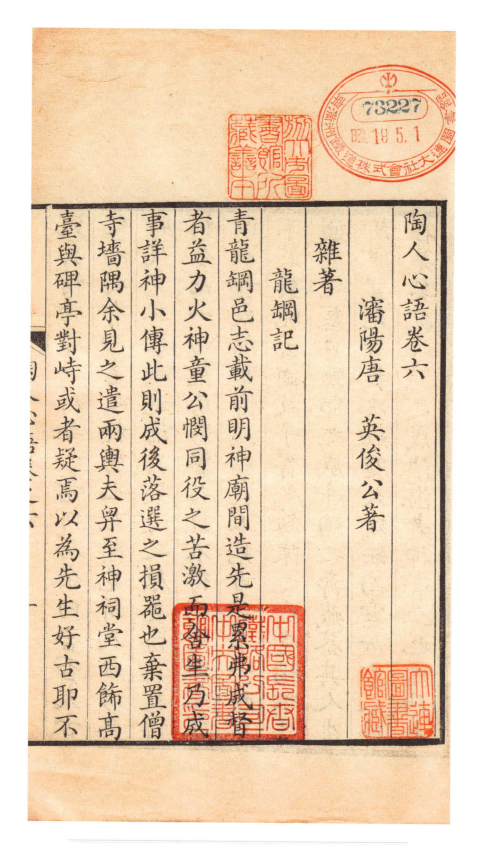

臺與碑亭對峙或者疑焉以為先生好古耶不

寺牆隅余見之遣兩輿夫昇至神祠堂西飾高

事詳神小傳此則成後落選之損罷也棄置僧

者益力火神童公憫同役之苦激而棄置僧

青龍鋼邑志載前明神廟間造先是累典戒督

龍鋼記

雜著

陶人心語卷六

瀋陽唐　英俊公著

40312　陶人心語六卷　〔清〕唐英撰　清乾隆三十七年（1772）古柏堂刻
本　大連市圖書館

2919

樂善堂全集卷一

論

立身以至誠為本論

夫誠者萬物之原萬事之本天所賦物所受之
正理也故在天則為乾元坤元而萬物資始資
生在人則為能盡其性參天地而贊化育然人
咸具是理而鮮能全之故曰蔽於私溺於習而

樂善堂全集　卷一　論　二

40313　樂善堂全集四十卷目録四卷　（清）高宗弘曆撰　清乾隆二年
（1737）武英殿刻本　遼寧省圖書館

樂善堂全集卷一

論

立身以至誠為本論

夫誠者萬物之原萬事之本天所賦物所受之

正理也故在天則為乾元坤元而萬物資始資

生在人則為能盡其性參天地而贊化育然人

咸具是理而鮮能全之故日蔽於私溺於習而

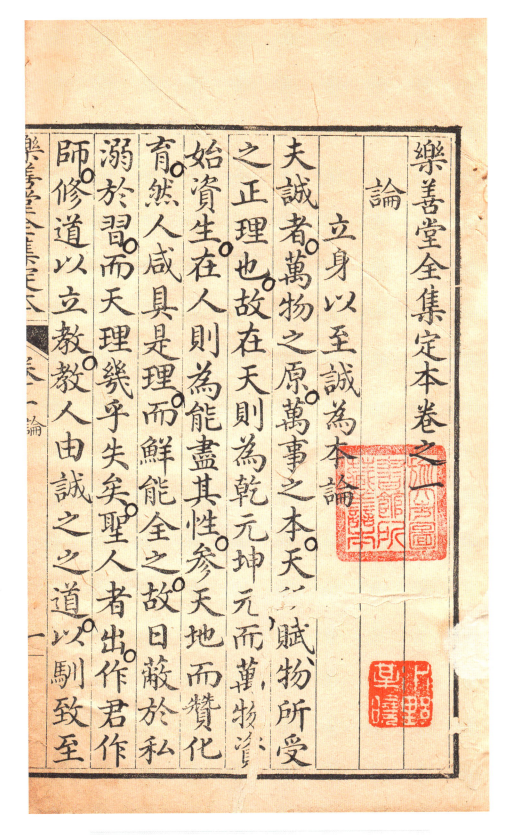

夫誠者萬物之原萬事之本天地賦物所受
之正理也故在天則為乾元坤元而萬物資
始資生在人則為能盡其性參天地而贊化
育然人咸具是理而鮮能全之故日蔽於私
溺於習而天理幾乎失矣聖人者出作君作
師修道以立教教人由誠之之道以馴致至

立身以至誠為本論

論

樂善堂全集定本卷之一

御製樂善堂集

江南松江府華亭縣學生員臣姚培謙恭注

賦

耕耤賦 并序

皇上御宇之五年 〔晉武帝紀〕握圖 御宇敷化導民 青帝司方之三月

〔尚書緯〕春為東皇又為青帝 〔曹植大暑賦〕炎帝掌節祝融司方

〔陶潛詩〕春風普扇 風扇微和 陽

〔周禮春官大宗伯以地產作陽德以和樂防之 韓愈〕德方亨

〔詩〕大哉陽德盛炎茂恒留春 〔范仲淹嚴子陵祠堂記〕

樂善堂集 賦卷一

一

40316 御製樂善堂集四卷 （清）高宗弘曆撰 （清）姚培謙注 清乾

隆六年（1741）刻本 大連市圖書館

御製文初集卷之一

經筵御論

道之以德齊之以禮有恥且格

政刑者德禮之先聲德禮者政刑之大本舍

德禮而求政刑必成雜霸之治即政刑而寓

德禮乃見純王之心一而二二而一者也若

云德禮之外別有所謂政刑則非聖人垂教

之本意矣

咨十有二牧曰食哉惟時

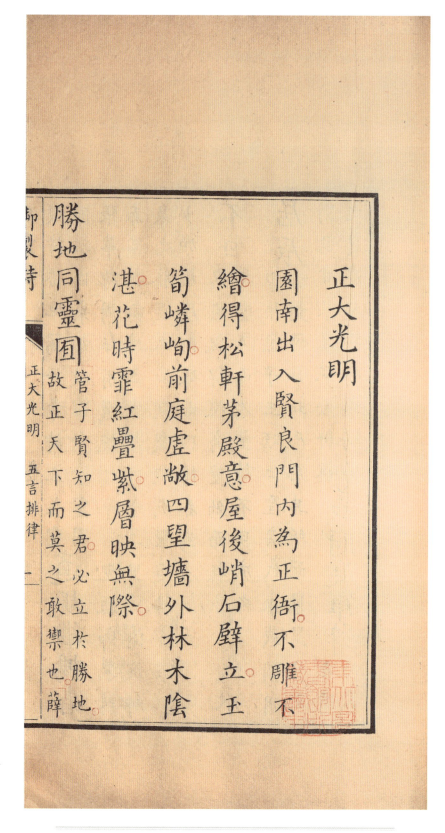

正大光明

園南出入賢良門內為正衙不雕不

繪得松軒茅殿意屋後峭石壁立玉

筍嶙峋前庭虛敞四望牆外林木陰

湛花時霏紅疊紫層映無際○

勝地同靈囿

御製詩

正大光明 五言排律 一

管子賢知之君必立於勝地
故正天下而莫之敢禦也薛

40318　御製圓明園詩二卷　〔清〕高宗弘曆撰　〔清〕鄂爾泰等注　清
乾隆十年（1745）武英殿刻朱墨套印本　遼寧省圖書館

正大光明

園南出入賢良門内為正衙不雕不

繪得松軒茅殿意屋後峭石壁立玉

筍嶙峋前庭虛敞四望牆外林木陰

湛花時霏紅疊紫層映無際

勝地同靈囿　管子賢知之君必立於勝地

故正天下而莫之敢禦也薛

御製詩　正大光明　五言排律　一

40319　御製圓明園詩二卷　〔清〕高宗弘曆撰　〔清〕鄂爾泰等注　清

乾隆十年（1745）武英殿刻朱墨套印本　遼寧省圖書館

御製全韻詩

上平聲

四

體貌奇異及長母告以吞朱果之故因錫之姓為愛新覺羅名之曰布庫哩雍順與小舟乘之母遂凌空去 有取

水人見訝異徵 叶 交手舁歸推為主國 叶 有取

三姓定亂鄂多城崇號建滿洲

開基肇宗

天男乘舟順流下至河步登岸折柳及蒿為坐殺有取水河步者見而異之歸語人曰汝等勿爭吾取水河步異見一男子察其貌非常人也天必不虛生此人眾皆以為異因詰所由來答曰我天女所生天男生我以定汝等之亂者且告其姓名眾曰此天生聖人也不可使之徒行乃交手為舁迎至家三姓者議推為國主以女百里妻之奉為貝勒勒其亂乃定遂居長白山東鄂多理城國號滿洲是為開基之始 按滿洲

40320　御製全韻詩五卷　〔清〕高宗弘曆撰　清乾隆彭元瑞刻進呈本　遼寧省圖書館

2833

御製用白居易新樂府成五十章並效其

體有序

白居易新樂府五十章少即成誦喜其

不尚辭藻而能紀事實具美刺一代政

要畧見梗槩有三百篇之遺意所為為

君臣民物而作不為文而作非虛言也

久欲效其體而為之以萬幾少暇日遷

御製新樂府　　一冊　　一

40321　御製擬白居易新樂府不分卷　〔清〕高宗弘曆撰　清乾隆内府

刻本　遼寧省圖書館

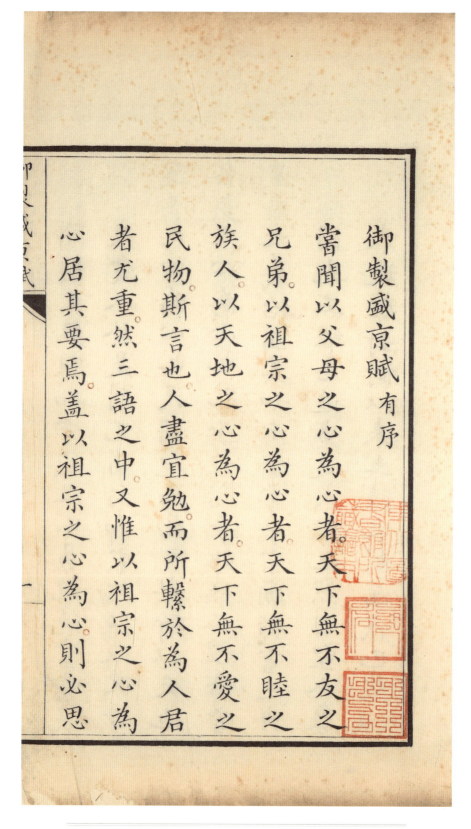

御製盛京賦 有序

嘗聞以父母之心為心者。天下無不友之

兄弟。以祖宗之心為心者天下無不睦之

族人以天地之心為心者天下無不愛之

民物斯言也人盡宜勉而所轇於為人君

者尤重然三語之中又惟以祖宗之心為

心居其要焉盖以祖宗之心為心則必思

40322　御製盛京賦一卷　〔清〕高宗弘曆撰　〔清〕鄂爾泰等注　清乾隆

武英殿刻朱墨套印本　遼寧省圖書館

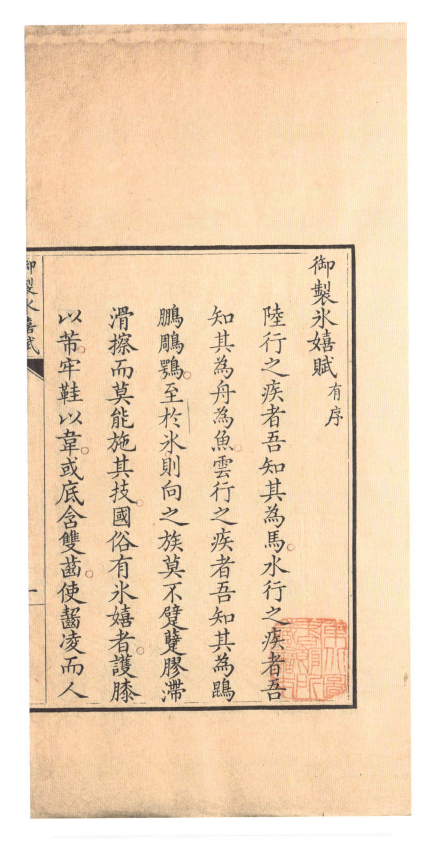

40323　御製冰嬉賦一卷　（清）高宗弘曆撰　清乾隆十年（1745）武英
殿刻朱墨套印本　遼寧省圖書館

御製古稀說

余以今年登七秩因用杜甫句刻古稀天
子之寶其次章即繼之曰猶曰孜孜蓋予
宿志有年至八旬有六即歸政而顧志於
寧壽宮其未歸政以前不敢弛乾惕猶曰
孜孜所以答
天庥而勵已躬也正壽之慶羣臣例當進

40324　御製古稀說一卷　（清）高宗弘曆撰　古稀頌一卷　（清）彭
元瑞撰　清乾隆内府刻本　遼寧省圖書館

御製古稀說

余以今年登七秩因用杜甫句刻古稀天

子之寶其次章即繼之曰猶日孜孜蓋予

宿志有年至八旬有六即歸政而顧志於

寧壽宮其未歸政以前不敢弛乾惕猶日

孜孜所以答

天庥而勵已躬也正壽之慶羣臣例當進

御製古稀說

二

御製古稀說

余以今年登七秩因用杜甫句刻古稀天

子之寶其次章即繼之曰猶曰孜孜蓋予

宿志有年至八旬有六即歸政而顧志於

寧壽宮其未歸政以前不敢弛乾惕猶曰

孜孜所以答

天庥而勵已躬也正壽之慶羣臣例當進

御製古稀說

一

40326　御製古稀說一卷　（清）高宗弘曆撰　古稀頌一卷　（清）彭

元瑞撰　清乾隆内府刻本　大連市圖書館

鮚埼亭外集卷一

鄞　全祖望　紹衣

賦一

泰陵配天大禮賦有序

臣祖望承乏翰林竊念漢唐宗以來凡有大禮則其臣

若楊雄杜甫范鎮之徒皆有纂述其文麟麟炳炳為百

世稱令臣幸逢

皇上重熙之盛得豫

世宗憲皇帝配天大禮雖文字謭劣無能為前人役而

朝廷盛事遠邁前代謹拜手稽首而為之賦以志

卷一

一

沙河逸老小稿卷一

　　　　　　　祁門　馬曰琯　秋玉

秋日遊吳氏園林同用梨紅大谷晚桂白小

山秋平字爲韻

嬾病同希逸初涼何所之林亭聊作主煙月暫相

期潮水通茅屋松聲出枳籬坐來神思靜酒渴索

霜梨

霧濃衣袂濕鳥語半園空寒竹玲瓏碧秋花細碎

紅自然舒倦眼兼可息微躬得謝塵埃事當爲鄰

舍翁

綠衫野屋集卷第一

德清　徐以泰　陶尊

藝蘭

林阜澹春曉荷鋤獨經行微識香氣澗底一叢清將歸
帶鬆土秀色揩前盈盎貯之黃磁斗養此碧玉莖出谷亦殊
眾登堂一見榮葵幸自保蕭艾非縱橫

書紹興十八年同年小録後

中興慕光武試策得臣賢誰識封椿庫鬷來是脩邊登
榜者湖州七人芮曄李彥穎朱三省王康年芮輝莫中施貫
之也彥穎第二甲第十六人湖州德清縣永和鄉仁智里
晚在東府三歲實攝相事嘗疏止發左藏封椿諸庫錢

采桑詞

40329　綠杉野屋集四卷　（清）徐以泰撰　清乾隆刻本　大連市圖書館

五字可傳

綠杉野屋集卷第一

德清　徐以泰　陶尊

藝蘭

林翠澹春曉荷鉏獨經行徽識香氣澗底一叢最清將歸

帶髮土秀色皆前盈貯之黃磁斗養此碧玉盎出谷亦殊

眾登堂万見榮蕤幸自保蕭艾非縱橫

書紹興十八年同牟小錄後

中興慕光武試策得臣贊誰識封椿庫歟來是僑邊榜登

者湖州七人芮曄李彥穎朱三省王康牟芮輝莫中施貫之也彥穎第二甲第十六人湖州德清縣永和鄉仁智里

晚在東府三歲實攝相事嘗

疏止發左藏封椿諸庫錢

采桑詞

40330　綠杉野屋集四卷　　〔清〕徐以泰撰　清乾隆刻本　大連市圖書館

聽秋軒詩集卷一

句曲女史駱綺蘭佩

古今體詩七十六首

棲霞德雲菴題壁

數椽碧峰下半出青松間明月常到戶白雲不出山中

有樓禪人蒼蒼氷雪顏心將繁華謝身與猿鳥閑門前

有流水趺坐聽潺潺

雨花臺春望

山色接平蕪高臺入望無不聞僧說法唯聽夜啼烏金

粉空前代灯波積後湖月中漁唱起野艇出菰蒲

40331　聽秋軒詩集四卷　（清）駱綺蘭撰　清乾隆六十年（1795）金陵

龔氏刻本　大連市圖書館

讀易

易乾九三夕惕若夤者古文也夕惕若厲者今
文也說文於夕部夤字下引易夕惕若夤以存
孔子書六經之舊復於骨部骼字下讀若易夕
惕若厲以存今文之舊惠松崖不知說文兼存
二本而混雜危无咎之文乃沾易文爲夕惕若
夤厲无咎所謂意過其通者歟全謝山旣知漢
儒皆讀厲字上屬爲句而復以朱子更定爲協
於義皆不知古易者也

何氏學　卷一　一

40332　何氏學四卷　（清）何治運撰　清嘉慶二十四年（1819）刻本　大
連市圖書館

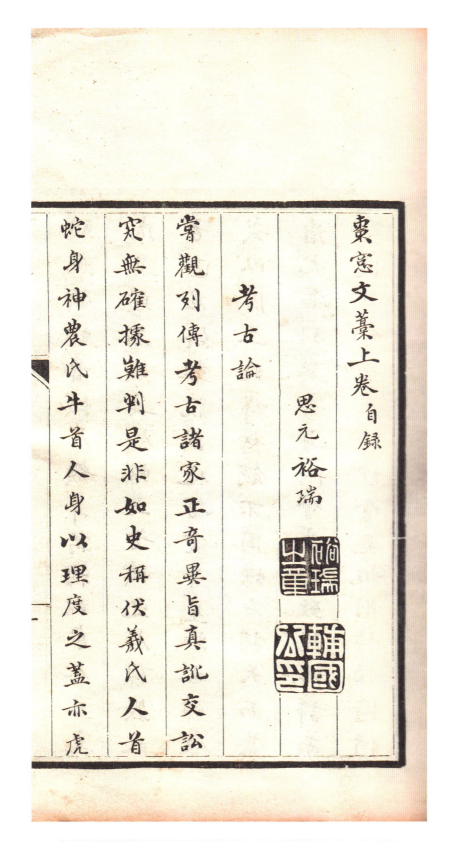

蛇身神農氏牛首人身以理度之蓋亦虎

宄無確據難判是非如史稱伏羲氏人首

嘗觀列傳考古諸家正奇異旨真訛交訟

考古論

思元裕瑞

棗窻文藁上卷自錄

40333　思元齋全集七卷　〔清〕裕瑞撰　清嘉慶七年至十七年（1802-
1812）自刻本　大連市圖書館

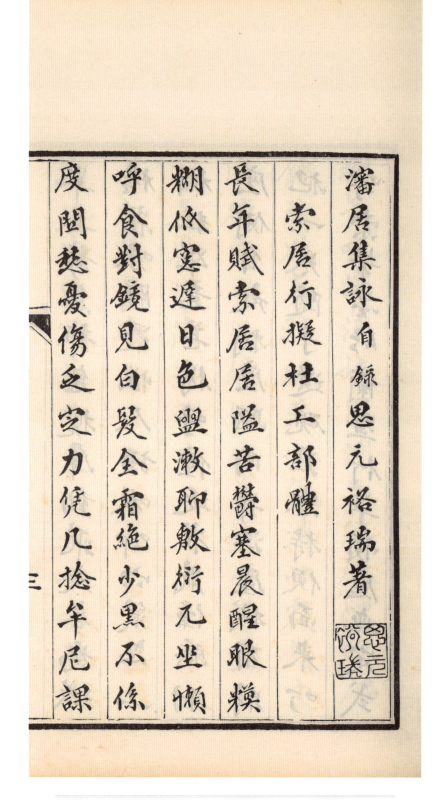

度閒愁憂傷乏定力憑几懃半尼課

呼食對鏡見白髮全霜絕少黑不條

糊低窓遲日色盥漱聊敷衍无坐懶

長年賦索居居隘苦壁塞晨醒眼模

索居行擬杜工部體

瀋居集詠自錄　思元裕瑞著

三

40334　續刻棗窗文稿一卷再刻棗窗文稿一卷瀋居集詠一卷東行

吟抄一卷　　（清）裕瑞撰　清道光刻本　大連市圖書館

缺一卷（續刻棗窗文稿一卷）

五言詩卷一

王阮亭先生選本　雲開開人俠訥重訂

漢

無名氏

古詩十九首　按十九首非一人一時作徐孝穆以
行行重行行青青河畔草西北有高樓涉江采芙蓉
庭中有奇樹迢迢牽牛星東城高且長明月皎皎為
枚乘作劉瓚以孤竹一篇為傅毅之辭昭明以失其
姓氏統名為古詩從文選也異伯其說詩首言行行
再言行行久也楚辭悲莫悲兮生別離也

行行重行行　與君生別離　相去萬餘里　各在天
一涯　道路阻且長　會面安可知　道一作阻且長
毛詩道阻且長宜雅道路阻且遠

胡馬依北風　越鳥巢南枝　自北故依北風出於南
故樂南枝皆不忘故土也　韓詩外傳代馬依北風飛
鳥樓故巢按庚古詩十九首

御定歷代題畫詩類卷第一

翰林院編修 臣 陳邦彥 奉

旨校刊

天文類

觀慶雲圖

唐 李行敏

縑素傳休祉丹青狀慶雲非煙凝漠漠似蓋乍紛紛尚駐從

龍意全舒捧日文光因五色起影向九霄分裂素觀嘉瑞披

圖賀聖君寧同窺汗漫方此觀氣氳

觀慶雲圖

唐 柳宗元

設色初成象卿雲示國都九天開祕祉百辟贊嘉謨抱日依

龍袞非煙近御爐高標連汗漫向望接虛無裂素榮光發舒

御定歷代賦彙卷第一

經筵日講官起居注詹事府詹事兼翰林院侍讀學士加三級臣陳元龍奉本

旨編輯

天象

天地賦 有序

　　　　　曾成公綏

賦者貴能分賦物理敷演無方天地之盛可以致思矣

歷觀古人未之有賦豈獨以至麗無文難以辭贊不然

何其闕哉遂爲天地賦

惟自然之初載兮道虛無而玄清太素紛以潤濟兮始

有物而混成何一元之芒昧兮廓開闢而著形闢乃清

濁剖分玄黃判離太極旣殊是生兩儀星辰煥列日月

40337　御定歷代賦彙一百四十卷外集二十卷逸句二卷補遺二十

二卷目録三卷　（清）陳元龍等輯　清康熙四十五年（1706）内府刻本　遼

東學院圖書館

買愁集

一集想書

綴山主人錢尚濠振芝輯

石天散禪沈　嶺朗倩閱

想書

愁思縈如落絮兄心不宵粘泥朴腸喚醒行人夢夢

來何處蝴蝶飛幾別院春春在誰家秋風薜荔雲迷

楚國三閭聯市鶯花泗醒揚州十里薰爐鎮日縈絲

篆忘不了四愁詩虎幌無人背小樓忽提起十季事

買愁集　想書　一

40338　買愁集四卷　（清）錢尚濠輯　清初刻本　大連市圖書館

漢詩說卷一

錢塘　沈用濟　方舟　仝述

成都　費錫璜　滋衡

蕭山　毛奇齡　大可　論正

會稽　姚陶　次耕

高帝

大風歌

大風起兮雲飛揚威加海内兮歸故鄉安得猛士

今守四方

40339　漢詩說十卷總說一卷　　（清）沈用濟　（清）費錫璜撰　清康熙

掣鯨堂刻本　遼寧大學圖書館

唐詩別裁集卷一

長洲　沈德潛確士
　　　陳培脉樹滋　同選

五言古詩

魏徵

述懷

中原還逐鹿　投筆事戎軒　縱橫計不就　慷慨志猶存　杖策謁天子　驅馬出關門　請纓繫南越　憑軾下東藩　鬱紆陟高岫　出沒望平原　古木鳴寒鳥　空山啼夜猿　既傷千里目　還驚九折魂　豈不憚艱險　深

40340　唐詩別裁集十卷　（清）沈德潛　（清）陳培脉輯　清康熙五十六年（1717）刻本　遼寧大學圖書館

明詩綜卷一上

　　　　　　　　小長蘆　朱彝尊　錄

　　　　　　　　休陽　　汪森　緝評

太祖高皇帝 三首

帝諱元璋姓朱氏字國瑞濠之鍾離東鄉人元
至正十一年辛卯起兵丁未稱吳元年戊申建
元洪武在位三十一年崩葬孝陵在應天府治東
北鍾山之陽永
樂元年上尊謚曰聖神文武欽明啓運俊德成
功統天大孝高皇帝廟號太祖嘉靖十七年改
上尊謚曰開天行道肇紀立極大聖至神仁文
義武俊德成功高皇帝有御製詩集五卷

39241

明詩綜卷一上

太祖高皇帝 三首

小長蘆　朱彝尊　録

休陽　汪　森　緝評

帝諱元璋姓朱氏字國瑞濠之鍾離東鄉人元

至正十一年辛卯起兵丁未稱吳元年戊申建

元洪武在位三十一年崩葬孝陵 在應天府治東

北鍾山之陽　永

樂元年上尊謚曰聖神文武欽明啓運俊德成

功統天大孝高皇帝廟號太祖嘉靖十七年改

上尊謚曰開天行道肇紀立極大聖至神仁文

義武俊德成功高皇帝有御製詩集五卷

40342　明詩綜一百卷　　〔清〕朱彝尊輯　清康熙刻雍正朱氏六峰閣印本

錦州市圖書館

明人詩鈔正集卷一

海鹽　朱琰　編次

劉基　二十四首

基字伯溫青田人元至順間進士除高安丞
遷江浙儒學副提舉投劾歸方國珍起海上
行省辟基爲元帥府都事言方氏兄弟首亂
不誅無以懲後國珍懼使人至京賄用事者
遂詔撫國珍責基擅威福羈管紹興凶何山
寇蜂起行省復辟基勤捕與行院判石抹宜
孫守處州經畧使李國鳳上其功執政以方

南邦黎獻集卷之一

西林學者鄂爾泰毅菴氏品定

男容校字

賦

日月合璧五星連珠賦 以題為韻

臣 鄂爾泰

雍正三年二月庚午、司天氏奏稱日月合璧以同明五

星連珠而共貫窈窕營室之次位當娵訾之宮為從來

未有之瑞諸王大臣請陛殿慶賀

上辭弗許惟念臨御二載遽觀此嘉祥、皆由

聖祖仁皇帝所致爰遣各官祭告

景陵并付史館頒示中外與臣民共慶之。臣乃聞而稽首颺言

40344　南邦黎獻集十六卷　（清）鄂爾泰輯　清雍正三年（1725）刻本

大連市圖書館

烟波致爽

熱河地既高敞氣亦清朗無蒙霧

靈氣柳宗元記所謂曠如也四圍

秀嶺十里澄湖致有爽氣雲山勝

地之南有屋七楹遂以烟波致爽

顏其額焉

御製詩

烟波致爽　五言排律

二

40345　御製避暑山莊三十六景詩二卷　〔清〕聖祖玄燁　高宗弘曆撰

〔清〕揆叙等注　〔清〕沈喻繪圖　清乾隆六年（1741）武英殿刻本　遼寧省圖
書館

烟波致爽

熱河地既高敞氣亦清朗無蒙霧

靈氣柳宗元記所謂曠如也四圍

秀嶺十里澄湖致有爽氣雲山勝

地之南有屋七楹遂以烟波致爽

顏其額焉。

御製寺

烟波致爽　五言排律

40346　御製避暑山莊三十六景詩二卷　〔清〕聖祖玄燁　高宗弘曆撰

〔清〕揆叙等注　〔清〕沈嵛繪圖　清乾隆六年（1741）武英殿刻本　遼寧省圖
書館

千叟宴詩 乾隆五十年

卷之一

預宴十八人詩六十三首

郡王品級 多羅貝勒 允祁 年七十四

堯衢開鉅典

重熙三世重逢介

壽祺例溯

家法洽

紹繩

千叟宴詩 卷之一

40347 千叟宴詩三十四卷首二卷 （清）高宗弘曆等撰 清乾隆五十年

（1785）武英殿刻本 遼寧省圖書館

本朝館閣詩卷一

山陽阮學浩裴園

阮學濬澂園　編次

五言古

瀛臺作

早入

王士正

鐘殘入西苑稍稍霞侵曙水風泛叢蒲山月隱高樹藻

密聞魚跳沙明見凫聚詎識華林園適叶滄洲趣

初拜國子祭酒釋菜太學作

王士正

雍雍禮樂地肅肅堂廡深皚皚素雪零鬱鬱青松陰堂

40348　本朝館閣詩二十卷附録一卷　〔清〕阮學浩　阮學濬輯　清乾

隆二十三年（1758）困學書屋刻本　大連市圖書館

吳江沈氏詩集卷一

祖禹謹錄

彤 謹校

徵仕公二首

公名奎字天祥號半閒爲人篤於孝弟母夫人苦

目眚醫工謂不治矣公舐之數月竟愈以子漢貴

贈徵仕郎　國朝雍正中崇祀忠義孝弟祠周恭

肅公撰公墓誌稱公爲文辭不失矩度歷世久遠

篇章散佚僅存二詩句句從至性流出風格淳古

直逼漢魏蓋非僅矩度不失而已其亦足開吾家

文學之先歟

沈氏詩錄卷一　一

四馬齋文集卷一

海上曹一士濟寰著　姪　　錫齯誕文編訂

　　　　　　　　　　婿　葉　承子敬

　　　　　　　　　　內姪　張熙紳赤垚　男　錫端菽衣

　　　　　　　　　　　　　　　　　　　錫圖起南　同校

賦

白燕賦

惟海隅之僻遠兮廼萬周之自出乘青陽而下降兮凜
金精之素質孕珠胎於月窟兮集絹衣於鮫室抱高潔
之正性兮匪眾雛之所匹爾乃羽鮮疑荼身輝似蝶纖
纖弱翩不羨鴻飛皎皎明心寧隨鶴立穿桃彌顯難紅

趙氏淵源集 卷一

趙司直蘭填諱　懷寧黃崇　字維生前明歲貢生兩中副車

有聲復社與宣城沈壽民貴池劉城吳應箕

及同邑萬應隆等交最厚咸以道義相切劘

不在文章聲氣也鼎革後隱居不出年九十

六卒著有歇閣集歇閣雜誌沈眉生曰維生以偉文淹識起涇上同社之士

引而重之不獨以制藝雄　又曰五七言近體大雅不羣不染近
時習氣萬道吉曰維生詩古文合集俱能宗法漢唐余曾為叙

之竟堅不肯出以問世　侯晋水曰維生詩命景抽靈匠心軌哲
抒奇碩磊落之抱而調以淵懿渾灝之氣蓋深有得性情之正者

紹祖手鈔
甥國楨校

40351　趙氏淵源集十卷　（清）趙紹祖輯　清嘉慶古墨齋刻本　大連市圖
書館

371

變璧煥綺

吐曜含章

文心雕龍卷第一

梁劉勰撰

吳趨顧　進尊光

武林金　坒雨叔　參訂

原道第一

文之為德也大矣與天地並生者何哉夫玄黃色

雜方圓體分日月疊璧以垂麗天之象山川煥綺

以鋪理地之形此蓋道之文也仰觀吐曜俯察含

章高卑定位故兩儀既生矣惟人參之性靈所鍾

北平黃叔琳崑圃輯注

40352　文心雕龍十卷　（南朝梁）劉勰撰　（清）黃叔琳輯注　清乾隆六年（1741）黃氏養素堂刻本　遼寧大學圖書館

五代詩話卷之一

南唐烈祖

李昇竹詩曰栖鳳枝梢猶軟弱化龍形狀已依稀

唐宣宗瀑布詩曰溪澗豈能留得住終歸大海作

波濤王霸之意已見　詩史

昇少為徐溫養子九歲詠燈詩云主人若也勤挑

撥敢向尊前不盡心溫歎賞遂不以常兒遇之　雅

言雜載

中主

本事詩卷一

前集

楓江漁父　徐釚　編輯

桐鄉　汪肯堂　重校刊

楊維禎　廉夫鐵崖　會稽人

七修類藁曰廉夫母夢金釚入懷而生別號鐵崖道人晚年避亂松江之泖
湖謝湖理家畜四妾名草枝柳枝桃枝杏花皆善音樂每乘畫舫恣意所之
故楊眷菴寄鐵崖詩有長笛參差吹海鳥小璚楊柳舞天魔臨川真大年題
楊廉夫集云文章五色鳳之雛酒債詩豪膽氣粗白髮卓立揚子宅紅妝檀
板謝家湖金遠黃天星墜鐵笛聲寒海月孤知爾有靈應不死蒼桑更變
問麻姑吳郡吳寬題楊鐵崖墓誌云泰定年間名進上命精山下老儆君金
陵不看三秋月玄圃長噓五色雲對客呼兒將鐵遂從佘
我醉紅裙裂風流盡付吳淞水還繞劉伶四尺墳皆道其實也

城西美人歌

丙戌花朝後一日與客游長城之靈山宴於

40354　本事詩十二卷　〔清〕徐釚輯　清乾隆二十二年（1757）汪氏半松
書屋刻本　大連市圖書館

御選歷代詩餘卷一　起十四字至 二十八字

司經局洗馬掌局事兼翰林院修撰加一級臣宋辰垣本

旨校刊

竹枝

一名巴渝詞唐人所作皆言蜀中風景如白居易劉禹錫作皆七言絕句此
以三句十四字成調中雜竹枝女兒字乃歌時葉和之聲猶采蓮曲之舉棹
年少後人填詞不拘
蜀地但寫風景為多耳

竹枝

一心連兒花侵檻子枝眼應穿兒　　皇甫松

芙蓉並帶竹枝

前調體又一

山頭桃花竹枝谷底杏兒　雨花窈窕枝遙相映兒　皇甫松

十六字令

40355　御選歷代詩餘一百二十卷　　（清）聖祖玄燁選　（清）沈辰垣

等輯　清康熙四十六年（1707）内府刻本　錦州市圖書館

玉茗堂還魂記卷上

清暉閣原本

第一齣 標目

蝶戀花 [末上] 忙處拋人閒處住百計思量沒箇爲歡
處白日消磨腸斷句世間只有情難訴 玉茗堂前
朝復暮紅燭迎人俊得江山助但是相思莫相負 牡
丹亭上三生路 [漢宮春] 杜寶黃堂生麗娘小姐愛踏
春陽感夢書生折柳竟爲情傷寫眞留記葬梅花道

玉茗堂還魂記卷上

冰絲館

快雨堂重刊

冰絲館

40356　玉茗堂還魂記二卷　　（明）湯顯祖撰　清乾隆五十年（1785）冰
絲館刻本　大連市圖書館

異方便淨土傳燈歸元鏡三祖實錄卷之上

古杭報國嗣法沙門智達拈頌　　弟子德日閱錄

傳燈總敘分第一　　末扮韋馱上

〔西江月〕吾乃韋馱天將神功感應三洲降魔勇健

我爲護法安僧領神〇淨土傳燈實錄蓮宗三

祖因由重提公案示真修普願諸賢叅究今日道

塲演法係三位祖師實行聽咱總道者〔內齊應介

〔絳都春〕人天普集把法音演暢西方弘願我佛垂

慈權巧處極讚彌陀一卷遂爾傳燈蓮宗勝祉首在

盧山建修行捷徑兼收利鈍方便〇喜得壽祖中興

〔燈元月〕

新琵琶

大處立議
現道學身
而爲說法

標旨

副末上

陽城張　錦菊知填詞

同里成錫田采卿評定

水調歌頭劬勞恩罔極百行孝爲先、天經地義須知

斯理括坤乾自古名賢彥聖以及忠臣良士誰弗篤

纏綿若貽生我恨寧復齒人焉　閱琵琶其名是其

實慙全忠全孝何令父母死荒年縱爾痛心疾首備

新琵琶

新琵琶　卷一

一

40358　**新琵琶四卷**　（清）張錦撰　（清）成錫田評　清嘉慶四年（1799）

貯書樓刻本　大連市圖書館

慶　壽（生上）

[引]風調雨順山河定萬國奠安百姓四海昇平邊疆

寧靜皆頼着一人有慶微臣感幸但恪守忠貞佈揚

宣令回首北堂嘆酉山日暮桑偷景

十載留心讀聖書〔一朝抱藝資皇都駒藏豪氣三

千丈報国英雄七尺軀供子耿贊皇圖方表人間

大丈夫一生頭遂忠和孝料想著天不負吾下官

姓蘇名武字子卿乃杜陵人也官居近侍聯掌中

即怀社稷之深憂受朝廷之顯爵譜通文武抱韜

〔又〕已慶壽〔一

風〔一

40359　新訂時調昆腔綴白裘六編二十四卷　（清）錢德蒼輯　清乾隆

三十五年（1770）寶仁堂刻本　大連市圖書館

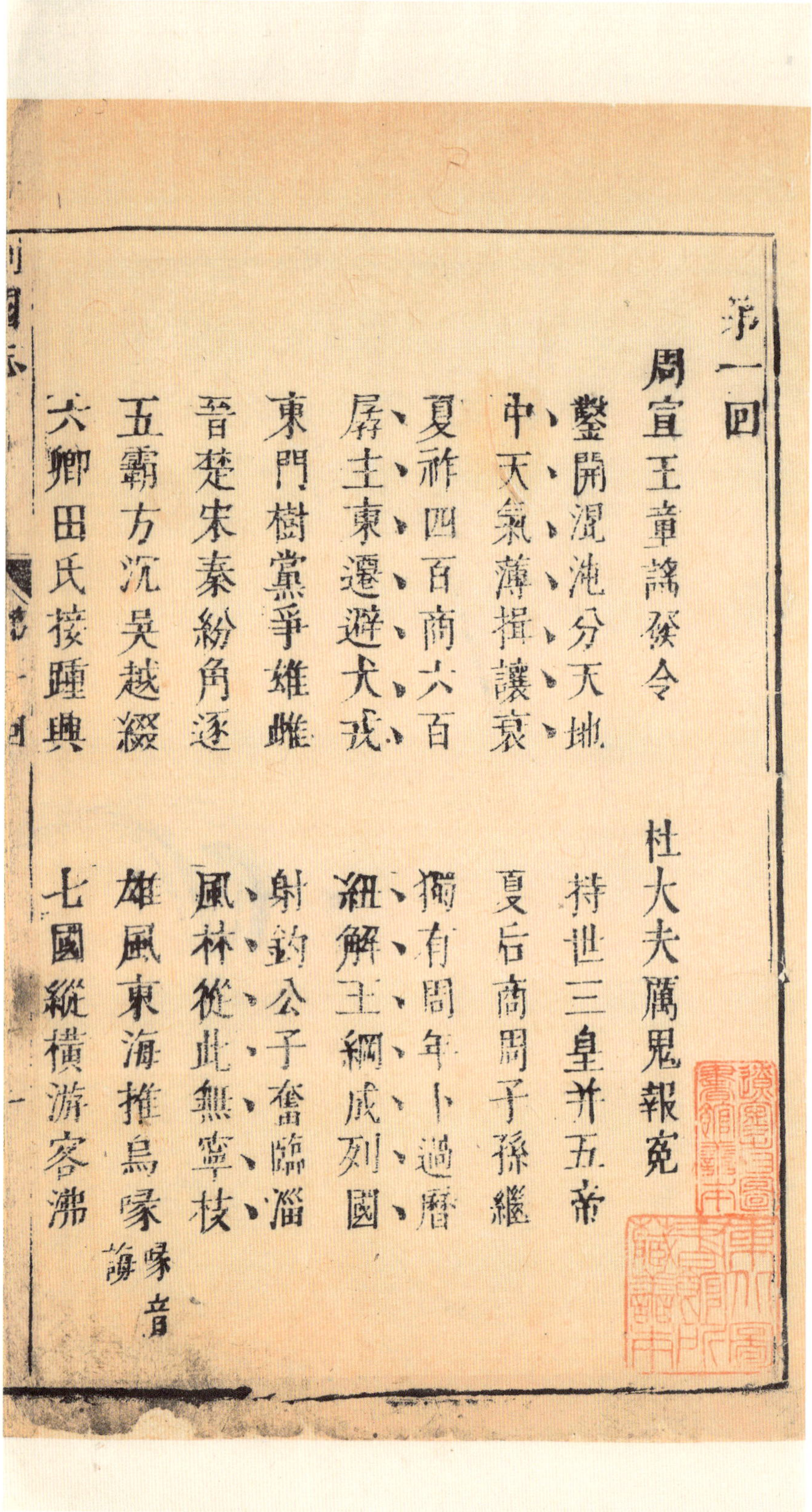
第一回
周宣王童謠發令　杜大夫厲鬼報冤
鑿開混沌分天地　持世三皇并五帝
中天氣薄揖讓衰　夏后商周予孫繼
夏祚四百商六百　獨有周年卜過曆
孱主東遷避犬戎　紐解王綱成列國
東門樹黨爭雄雌　射鈎公子奮臨淄
晉楚宋秦紛角逐　風林從此無寧枝
五霸方沉吳越綴　雄風東海推烏喙喙音誨
六卿田氏接踵興　七國縱橫游客沸

40360　新列國志一百八回　（明）馮夢龍編　（清）金人瑞評　清初刻本　遼寧省圖書館

增訂精忠演義說本全傳卷之一

第一回

天遣赤鬚龍下界

佛謫金翅鳥降凡

三百餘年宋史中間南北縱橫。開將二帝事評論。

忠義堪悲堪敬。忠義炎天霜露奸邪秋月痴蠅。

忽榮忽辱總虛名。怎奈黃粱不醒。右調西江月。

詩曰

五代干戈未肯休　黃袍加體始無憂

那知南渡偏安主　不用忠臣萬姓愁

40361　增訂精忠演義說本全傳二十卷八十回　（清）錢彩撰　（清）
金豐補　清初錦春堂刻本　大連市圖書館

新鐫比評綉像玉嬌梨小傳

第一回

小才女代父題詩

詩曰六經原本在人心笑罵省文妙訓尋天地戰塲觀莫咲

古今聚訟眼須深詩存鄭衛非無意亂著春秋豈是讖更有

守雲千載後生誰解起謝知音

話説正統年間有一卿家姓白名玄字太玄乃金

陵人民國玉振蒼羅越慈而衙這卽太常士無采下無兼只有

萫秋散人編次

40362　新鐫批評綉像玉嬌梨小傳二十回　　題〔清〕萫秋散人編次　清

初刻本　大連市圖書館

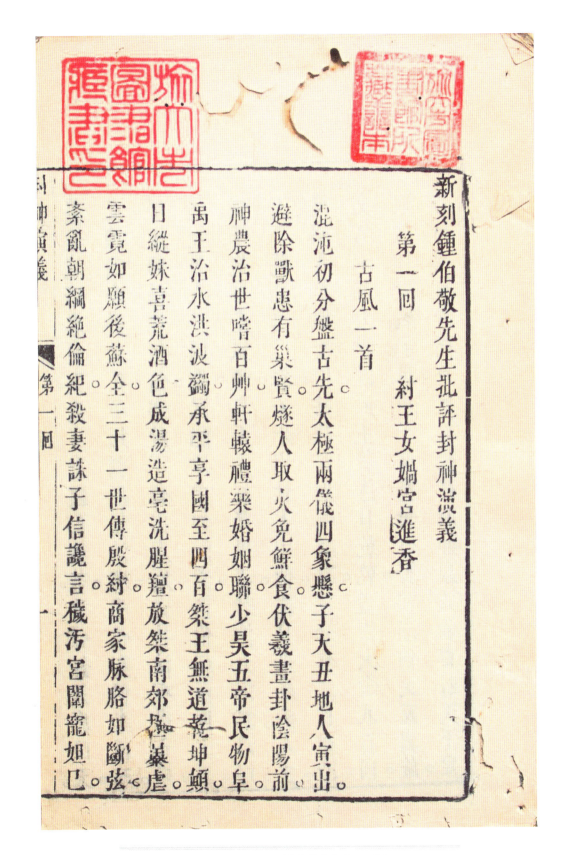

新刻鍾伯敬先生批評封神演義

第一回　紂王女媧宮進香

古風一首

混沌初分盤古先　太極兩儀四象懸　子天丑地人寅出

避除獸患有巢賢　燧人取火免鮮食　伏羲畫卦陰陽前

神農治世嘗百艸　軒轅體藥婚姻聯　少昊五帝民物阜

禹王治水洪浪瀰　承平享國至四百　桀王無道荒坤顛

日縱妹喜荒酒色　成湯造亳洗腥羶　放桀南郊慕巍虐

雲霓如願後蘇全　三十一世傳殷紂　商家脈路如斷弦

紊亂朝綱絕倫紀　殺妻誅子信讒言　穢汚宮闈寵妲巳

40363　新刻鍾伯敬先生批評封神演義十九卷一百回　（明）陸西星

撰　（明）鍾惺評　清康熙四雪草堂刻本　大連市圖書館

新編東遊記卷一

滎陽清溪道人著

萃山九九老人述

記引 西江月

傳記編成覺世。牛人脩德南車。古今何必論賢愚試開記
中佳趣

一切旁門外道。離我聖教皆虛莫言釋道事同迂功德匪
枚最著。

爲善申明旌獎作惡法紀無私天堂地獄豈差除總在前
因今是。

東遊記

卷一

40364　新編東遊記二十卷一百回　題（明）清溪道人撰　清康熙雲林刻

本　大連市圖書館

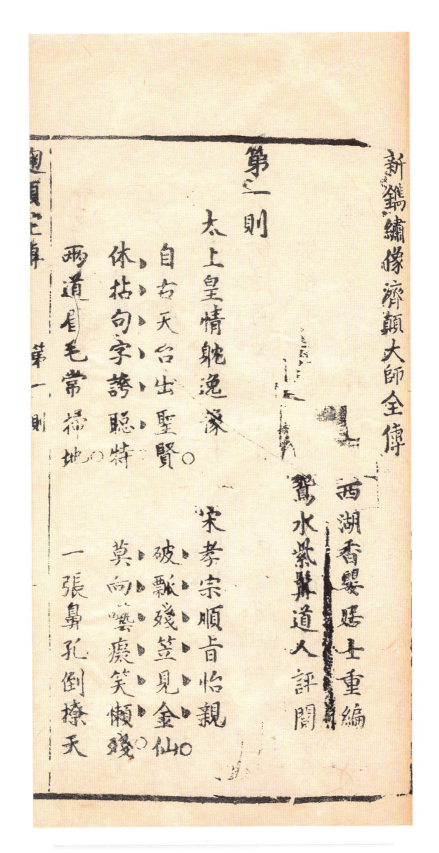

新鐫繡像濟顛大師全傳

西湖香嬰居士重編

駕水紫髯道人評閱

第二則

太上皇情貌逸豪

自古天台出聖賢。
休拈句字誇聰特

兩道眉毛常掃地

一宋孝宗順旨怡親
破瓢殘笠見金仙。
莫向雲痊笑懶殘
一張鼻孔倒撩天

通顛正傳 第一則

40365　新鐫繡像濟顛大師全傳三十六則　題〔清〕西湖香嬰居士重
編　〔清〕駕水紫髯道人評閱　清康熙七年（1668）刻本　大連市圖書館

聊齋志異卷一

淄川　蒲松齡　留仙　著

新城　王士正　貽上　評

考城隍

予姊夫之祖宋公諱燾邑廩生一日病臥見吏持牒牽

白顛馬來云請赴試公言文宗未臨何遽得考吏不言

但敦促之公力疾乘馬從去路甚生疎至一城郭如王

者都移時入府廨宮室壯麗上坐十餘官都不知何人

惟關壯繆可識簷下設几墩各二先有一秀才坐其末

聊齋志異卷一考城隍　一

花陣綺言卷之一

三奇合傳

楚江儇叟石公纂輯

吳門翰史茂生評選

宋末時秋官吳守禮者浙之湖人也初論秦檜專權
亂法蠹國害民疏上忤旨奪職放歸于是賈田築室
以訓子爲事子名延璋字汝玉號尋芳主人涉獵書
史揮吐雲烟姿容俊雅技通百家且喜游俠及兵事
眞文章班馬風月張韓也守禮欲使子謀仕生日今

焦氏易林卷一

漢　焦贛著　　南豐趙　新校

乾之第一

乾

道陜多阪胡言連蹇譯瘂且聾莫使道通請謁

坤

不行求事無功

屯

招殃來螫宦我邦國病傷手足不得安息

蒙

陽孤亢極多所恨惡事頓蓋下身常憂惶乃得

其願雄雄相從

鶴鵰鳴鳩專一無尤君子是則長受嘉福

40368　增訂漢魏叢書八十六種　　〔清〕王謨輯　清乾隆五十六年（1791）

金溪王氏刻本　瀋陽市圖書館

少數民族文字
珍貴古籍

平均也
草明也

虞書
堯典

曰若稽古帝堯曰放勳
欽明文思安安允恭克
讓光被四表格于上下
克明俊德以親九族九
族既睦平章百姓百姓
昭明協和萬邦黎民於
變時雍乃命羲和欽若
昊天曆象日月星辰敬

書經虞 卷一

40369　**書經六卷**　題（清）鴻遠堂編　清乾隆三年（1738）文錦二酉堂刻
本　滿漢合璧　遼寧省圖書館

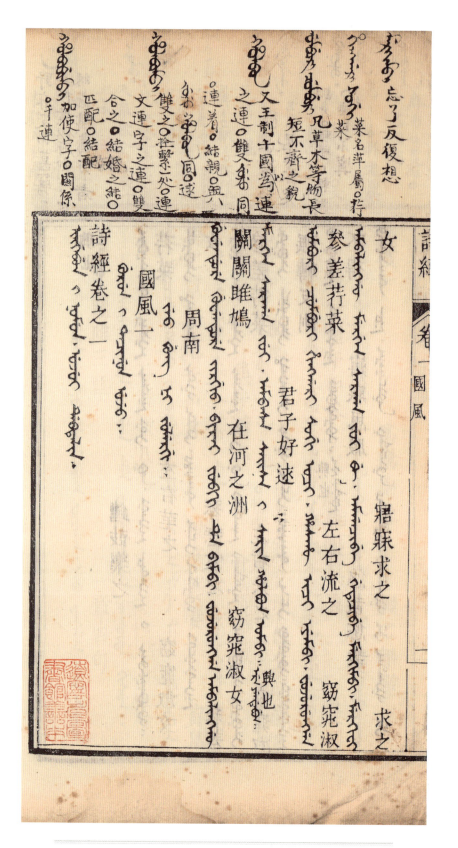

40370　詩經八卷　　〔宋〕朱熹集傳　　〔清〕佚名譯　　清乾隆三十三年（1768）

武英殿刻本　滿漢合璧　遼寧省圖書館

書經 卷一 堯典

書經卷之一

虞書

堯典

曰若稽古帝堯

曰放勳

欽明文思安安

光被

四表

格于上下

克明俊

德

允恭克讓

以親九族

40371　禮記三十卷　（漢）戴聖編纂　清乾隆四十八年（1783）武英殿刻本　滿漢合璧　遼寧省圖書館

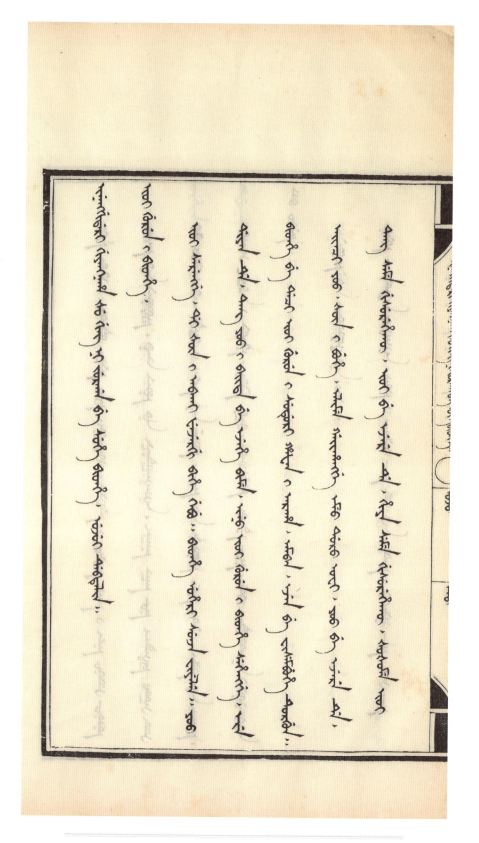

40372　日講春秋解義六十四卷　（清）庫勒納等纂　清乾隆二年（1737）

武英殿刻本　滿文　遼寧省圖書館

ᠠᠮᠪᠠ ᠪᠠᠨ ᠂ ᠠᠮᠪᠠ ᠪᠠᠨ ᠃

40373　日講四書解義一百二十一卷　〔清〕喇沙里等纂　清康熙十六
年（1677）內府刻本　滿文　遼寧省圖書館

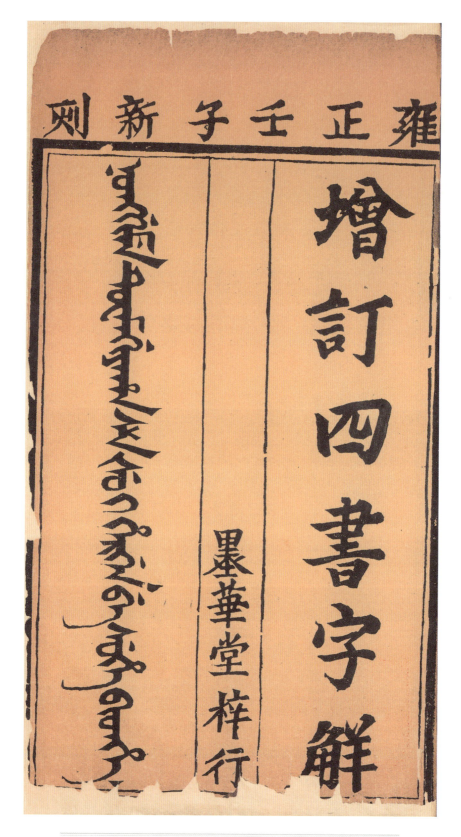

40374　增訂四書字解不分卷　　清雍正十年（1732）墨華堂刻本　滿漢合

璧　遼寧省圖書館

40375　**孝經集注一卷**　〔清〕世宗胤禛撰　清雍正五年〔1727〕内府刻本

滿文　遼寧省圖書館

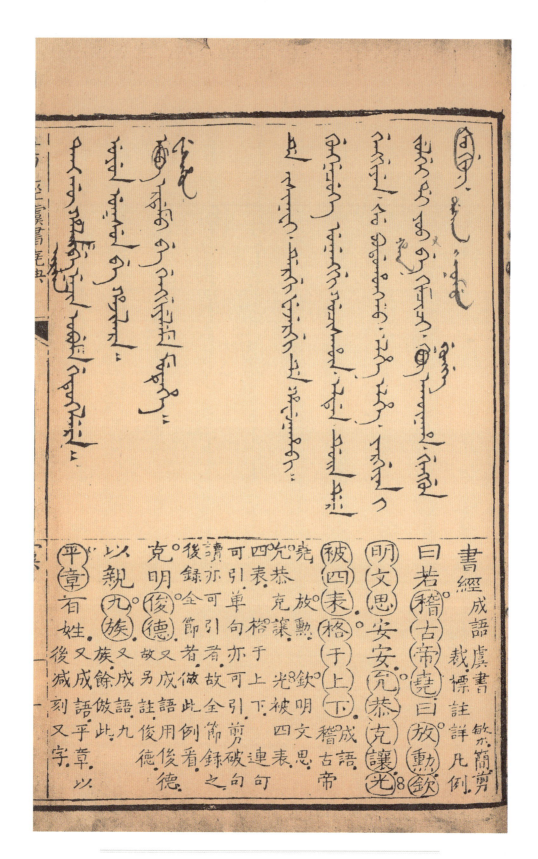

40376　滿漢經文成語不分卷　（清）明鐸編譯　清乾隆二年（1737）京都英華堂刻本　滿漢合璧　遼寧省圖書館

第一字頭

阿 讀如六麻韻。

額 平聲讀。

伊。怡。宜。義。義字平聲讀。

鄂 平聲讀。

烏。伍。武。務。渥。伍字以下。俱平聲讀。

諤 平聲讀。

納 平聲讀。

訥 平聲讀。

第一字頭

40377　欽定清漢對音字式 一卷　清乾隆三十七年〔1772〕武英殿刻本

滿漢合璧　遼寧省圖書館

40378　滿漢同文全書八卷　（清）佚名輯　清康熙二十九年（1690）刻

本　滿漢合璧　遼寧省圖書館

字尾類 卷之三
十二

相連語類 卷之三
十一

天然語類 卷之
三十 二

形容辭類 卷之
十九

魚蟲類 卷之三
十八

第八本

40379　滿漢類書三十二卷　（清）桑額輯　清康熙四十五年（1706）天

繪閣書坊刻本　滿漢合璧　遼寧省圖書館

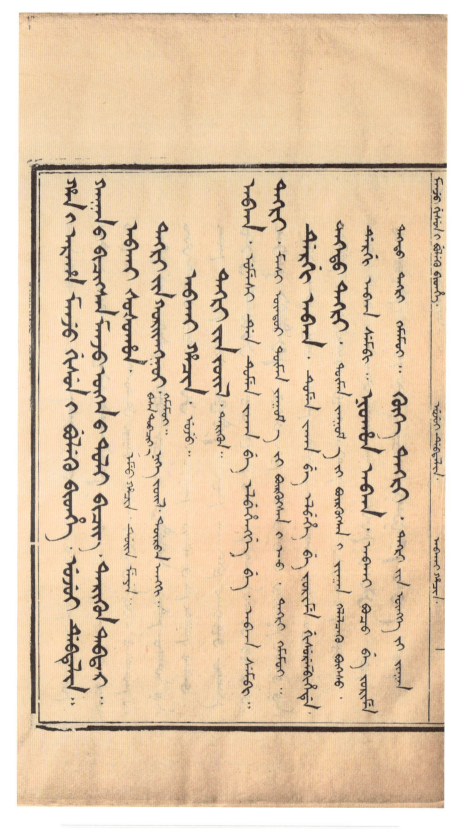

40380　御製滿蒙文鑑二十卷總綱四卷　〔清〕拉錫等編　清康熙五十

六年（1717）武英殿刻本　滿蒙合璧　遼寧省圖書

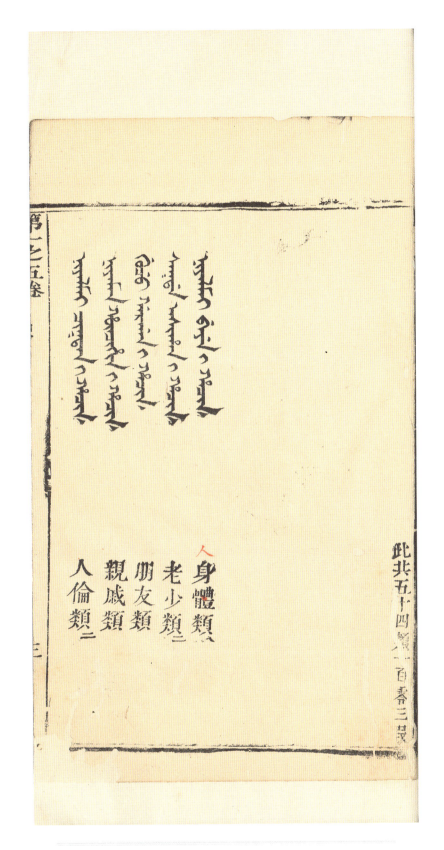

40382　六部成語六卷　　（清）佚名輯　清乾隆七年（1742）京都永魁齋刻

本　滿漢合璧　遼寧省圖書館

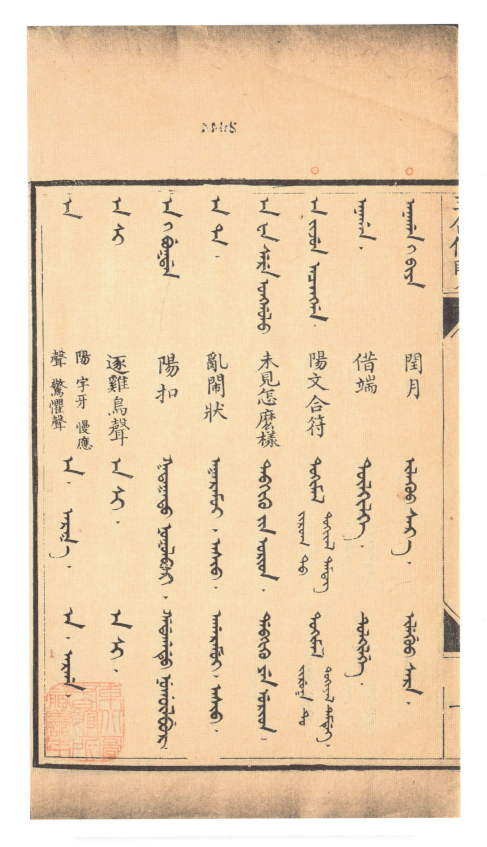

40383　三合便覽不分卷　（清）敬齋輯　（清）富俊增補　清乾隆五十七
年（1792）富俊刻本　滿漢蒙合璧　遼寧省圖書館

譯

兩下裡都至於躭悞　因那樣　我一則来

並沒有頭緒　　若再不念滿洲書　　不學繙

麼　是可不是甚麼　我念了十幾年漢書　　至今

等頭要緊的事　就像漢人們各處各處的鄉談一樣　不會使得

聽見説你如今學滿洲書呢　狠好　滿洲話　是咱們呢

40384　　初學指南二卷　（清）智信撰　（清）富俊譯　清乾隆五十九年（1794）

富俊紹衣堂刻本　滿漢合璧　遼寧省圖書館

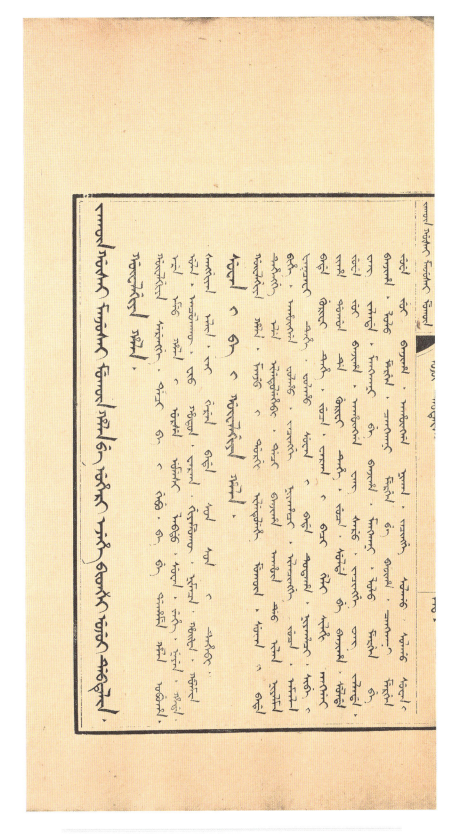

40385　八旗滿洲氏族通譜八十卷　〔清〕鄂爾泰等撰　〔清〕覺羅塔爾
布譯　清乾隆九年〔1744〕武英殿刻本　滿文　遼寧省圖書館

欽定西域同文志卷之一

天山北路地名

巴爾庫勒路

巴爾庫勒。居天山北舊隸版圖。西鄰準界。故以為天山北路之首。

〔漢〕〔字〕巴爾庫勒　回語。巴爾。有也。庫勒。池也。城北有池。故名。轉音為巴爾庫勒。即匈奴中蒲類王茲力支地東蒲類海也。後漢為伊吾盧地。魏入蠕蠕。隋屬伊吾郡。後入突厥。

〔漢〕〔字〕招摩多　蒙古語。盈至百謂之招。摩多。謂樹也。其地有樹百株。故名。

〔蒙古字〕
三合切音鄂傲摩多鄂鄂

40386　欽定西域同文志二十四卷　〔清〕傅恒等纂　清乾隆二十八年
（1763）武英殿刻本　滿漢蒙藏托忒維吾爾合璧　遼寧省圖書館

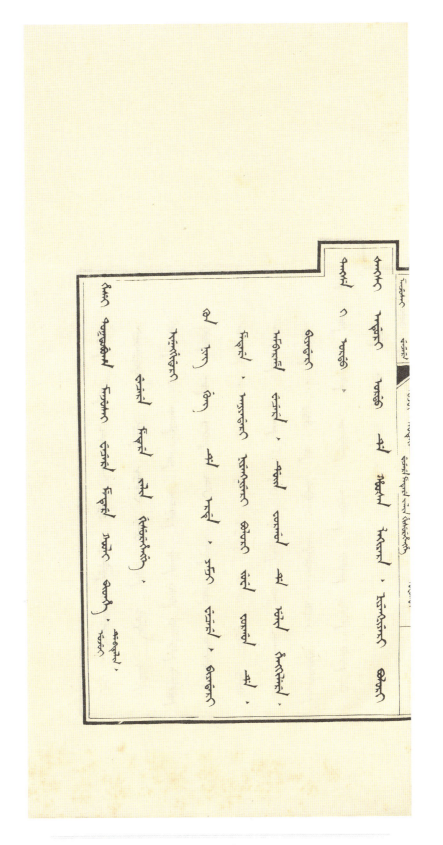

40387　欽定滿洲祭神祭天典禮六卷　（清）允禄等纂　清乾隆十二年

（1747）武英殿刻本　滿文　遼寧省圖書館

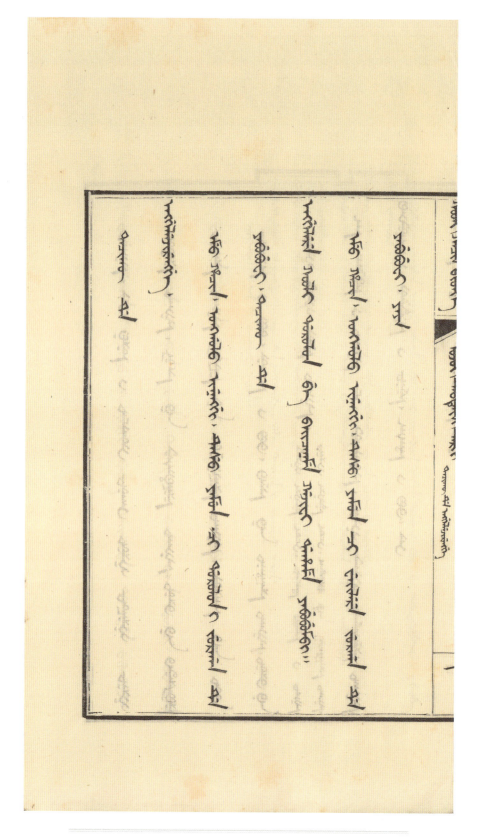

40388　欽定國子監則例三十卷　（清）蔡新等纂修　清乾隆三十七年
（1772）武英殿刻本　滿文　遼寧省圖書館

40389　欽定八旗則例十二卷　〔清〕鄂爾泰等纂修　清乾隆七年〔1742〕

武英殿刻本　滿文　遼寧省圖書館

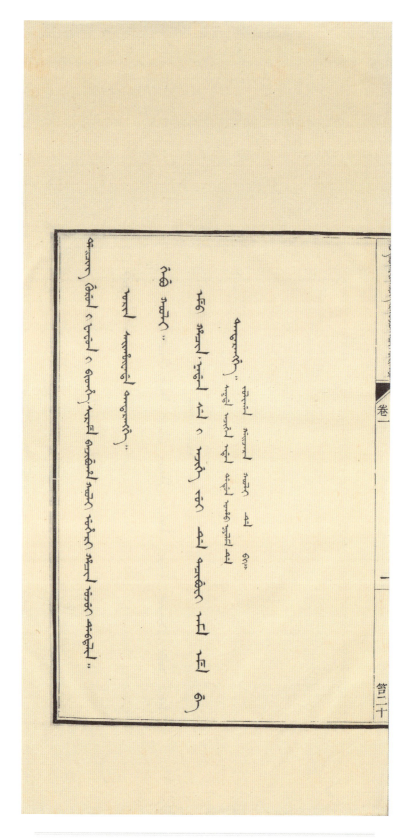

40390　大清律續纂條例總類二卷　（清）弘晝等纂　清乾隆五年（1740）
武英殿刻本　滿文　遼寧省圖書館

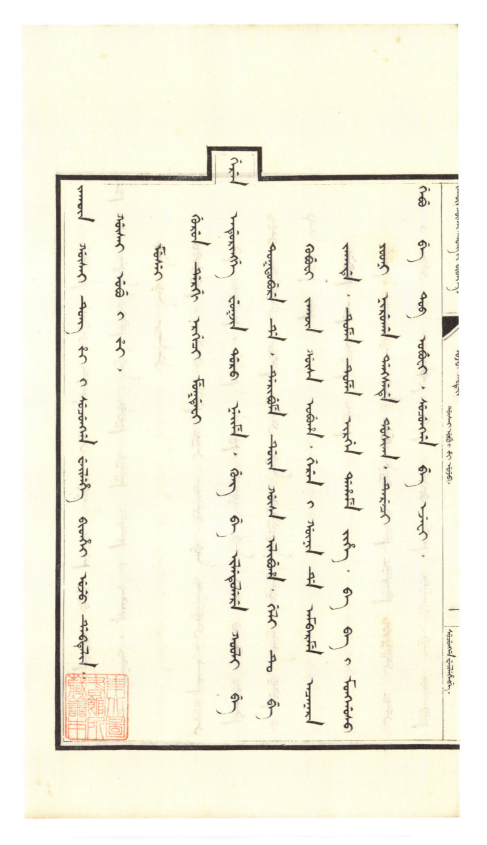

40391　八旗通志初集二百五十卷　〔清〕鄂爾泰等纂修　清乾隆四年
（1739）武英殿刻本　滿文　遼寧省圖書館

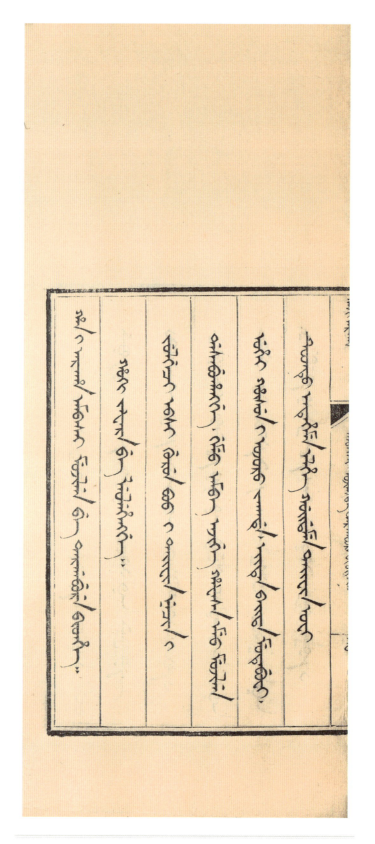

40392　御製人臣儆心録一卷　　（清）世祖福臨撰　清順治十二年（1655）

内府刻本　滿文　遼寧省圖書館

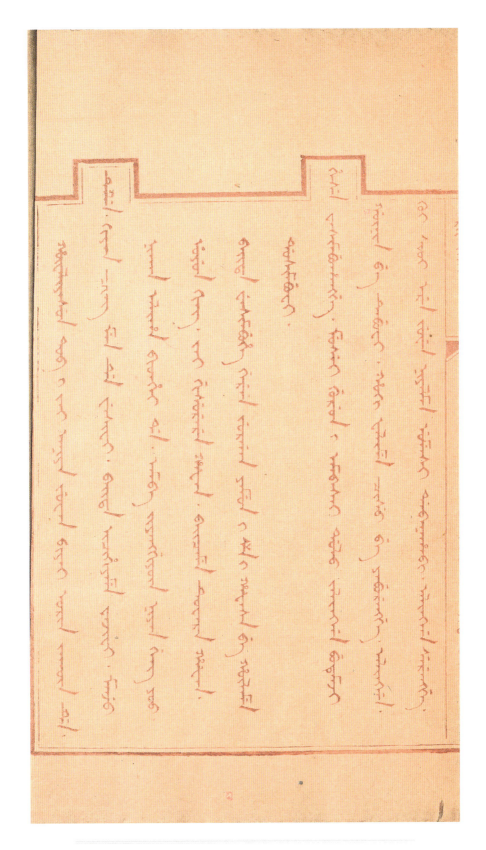

40393　世宗上諭八卷　（清）世宗胤禛撰　清雍正武英殿刻本　滿漢合璧

遼寧省圖書館

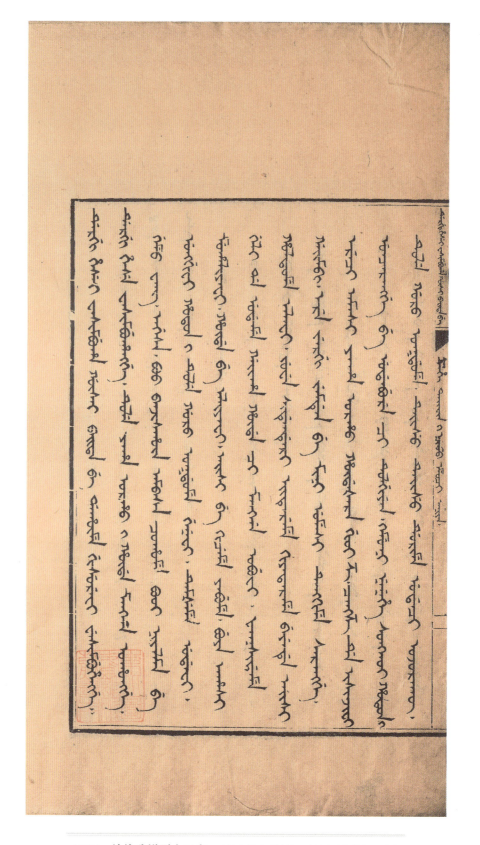

40394　諭旗務議覆十三卷　（清）世宗胤禛撰　（清）允禄等輯　清雍

正九年（1731）武英殿刻乾隆六年（1741）續刻本　滿文　遼寧省圖書館

40395 諭行旗務奏議十三卷 〔清〕世宗胤禛撰 〔清〕允禄等輯 清

雍正九年（1731）武英殿刻乾隆六年（1741）續刻本 滿文 遼寧省圖書館

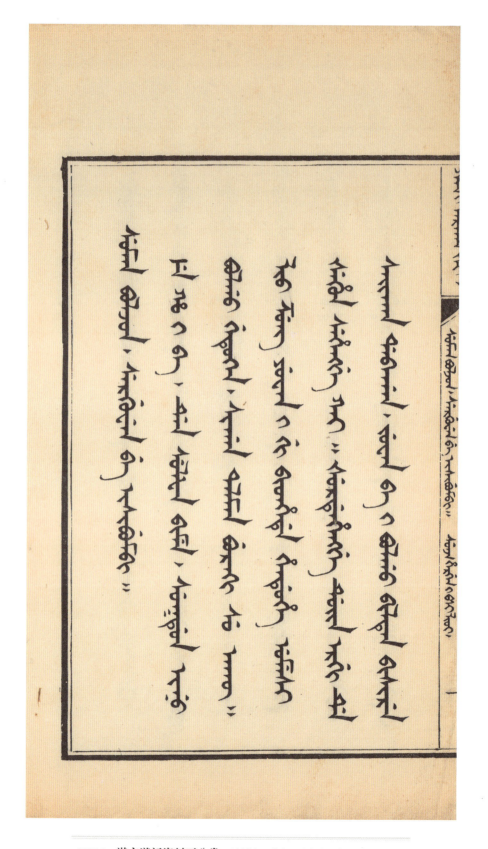

40396　滿文遊記資料不分卷　清刻本　滿文　遼寧省圖書館

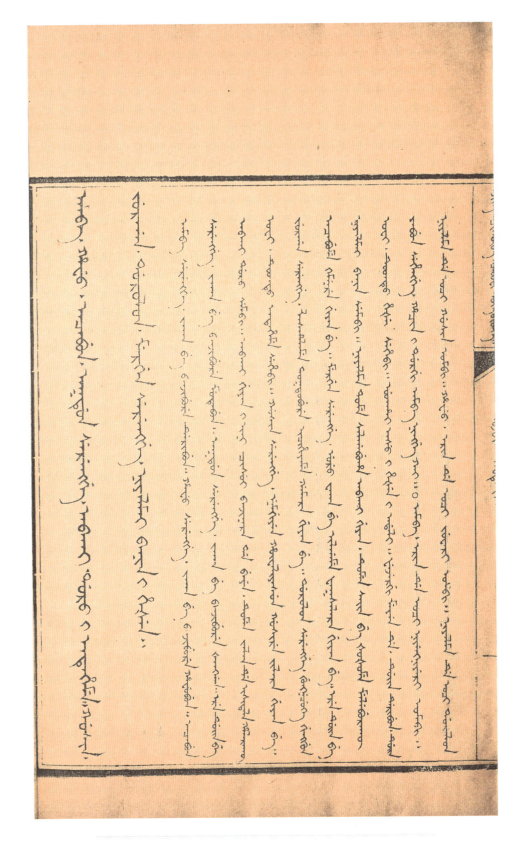

40397　小學集注六卷　〔宋〕朱熹撰　〔明〕陳選注　〔清〕古巴岱譯

清雍正五年（1727）武英殿刻本　滿文　遼寧省圖書館

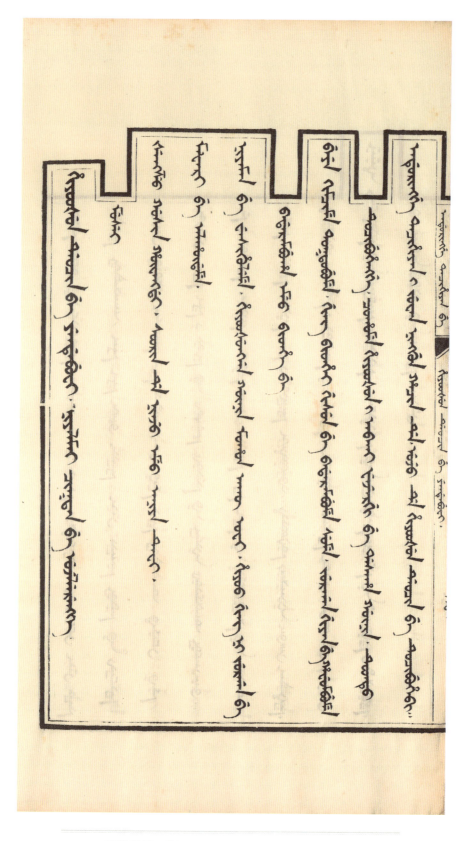

40398　聖諭廣訓一卷　（清）聖祖玄燁撰　（清）世宗胤禛廣訓　清雍正
二年（1724）刻本　滿文　遼寧省圖書館

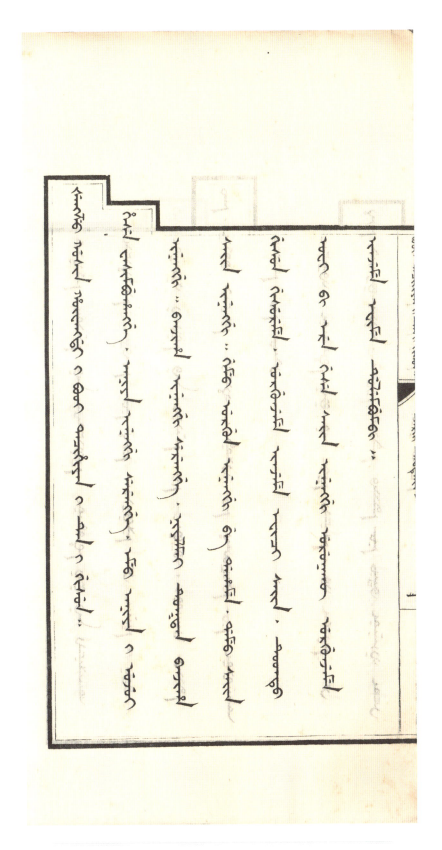

40499　聖祖仁皇帝庭訓格言二卷　　（清）世宗胤禛輯　清雍正八年

（1730）內府刻本　滿文　遼寧省圖書館

籍以永垂不朽云爾

或可附名書末

孫富巽撰

40400　四本簡要四卷　〔清〕朱潮遠編　〔清〕富明安譯　清乾隆刻本
滿漢合璧　遼寧省圖書館

40401　御纂性理精義十二卷　〔清〕李光地等纂修　清康熙五十六年

（1717）武英殿刻本　滿文　遼寧省圖書館

遼寧省第四批珍貴古籍名録圖録

第一冊

《遼寧省第四批珍貴古籍名録圖録》編委會 編

國家圖書館出版社

圖書在版編目（ＣＩＰ）數據

遼寧省第四批珍貴古籍名録圖録：全二册 /《遼寧省第四批珍貴
古籍名録圖録》編委會編 . —北京：國家圖書館出版社，2019.7

　　ISBN 978-7-5013- 6754-2

　　Ⅰ . ①遼… 　Ⅱ . ①遼… 　Ⅲ . ①古籍－圖書目録－遼寧
Ⅳ . ① Z838

中國版本圖書館 CIP 數據核字 (2019) 第 093560 號

書　　　名　遼寧省第四批珍貴古籍名録圖録（全二册）
著　　　者　《遼寧省第四批珍貴古籍名録圖録》編委會　編
責任編輯　許海燕

出版發行　國家圖書館出版社（北京市西城區文津街 7 號 100034）
　　　　　（原書目文獻出版社　北京圖書館出版社）
　　　　　010-66114536 63802249 nlcpress@nlc.cn（郵購）
網　　　址　http://www.nlcpress.com
排　　　版　徐新狀
印　　　裝　北京中華兒女印刷廠
版次印次　2019 年 7 月第 1 版　2019 年 7 月第 1 次印刷

開　　　本　889×1194（毫米）　1/16
印　　　張　27.5
書　　　號　ISBN 978-7-5013-6754-2
定　　　價　480.00 圓

《遼寧省第四批珍貴古籍名録圖録》
工作委員會及編纂委員會

工作委員會

主　任：王筱雯

副主任：杜希林

委　員：于　忠　馬寶傑　馬　驊　王　宇　王振芬

　　　　白文煜　劉寧寧　劉志揚　劉樹春　劉　艷

　　　　莊革發　楊春宇　辛　欣　趙本平　高　萍

　　　　郭繼軍　海鎮淮

編纂委員會

主　編：杜希林

副主編：劉　冰

編　委：婁明輝　谷　毓　王　蕾　盧秀麗　康爾琴

　　　　孫　晶　鄧維維　趙長波　戴立言　薛立静

前 言

　　遼寧地區歷史悠久，文化繁榮。從古至今，在這片土地上不僅留下了無數的歷史遺存，更珍藏了卷帙浩繁的文化典籍。經過幾代人始終不渝的辛勤搜訪和不懈努力，形成了今天遼寧省內150萬册的古籍藏書規模，庋藏於省內各公共圖書館、高等院校圖書館、科研和文博單位、檔案館，以及一些寺廟、道觀之中。

　　我省收藏的古籍經史子集齊備，約占現存古籍品種的三分之一以上，在全國各省中居於前列。尤其以文獻質量較高、藏書特色鮮明而爲海内外學人和圖書館界所矚目。例如，宋元版古籍精品琳琅，有一些爲初刻初印，且係海内孤本。在國務院批准頒布的五批《國家珍貴古籍名録》中，在古籍版本中最具影響力的宋元版古籍，我省共入選79部；閔凌刻套印版書收藏，可稱海内之最；陶湘《閔板書目》收録明代套色印本130種，我省所藏在120種以上；殿版書收藏品種全、特色突出，是國內收藏殿版書最豐富的地區之一；羅氏藏書完整豐富，既有宋元佳槧，也多名家抄校；明清小説數量多，品種全，以多有稀見本而聞名；稿本、抄本藏品精良；宋代以前文獻質量上乘；天禄琳琅藏書數量較多，共有40餘部，均是世間珍本，文獻價值極高。

　　中華人民共和國成立以來，特別是改革開放以來，我省的古籍保護事業取得了一定的成績。特別是2007年以來，省政府辦公廳下發了《關於進一步加强全省古籍保護工作的意見》，啓動了全省性的古籍保護工作，各級文化主管部門和古籍收藏單位按照"保護爲主、搶救第一、合理利用、加强管理"的古籍保護整體方針，積極推進古籍保護工作，在古籍普查、珍貴古籍修復、古籍保護隊伍建設、古籍整理出版、申報和建立珍貴古籍名録等方面取得了顯著的成績。遼寧省圖書館、大連圖書館、瀋陽市圖書館、遼寧大學圖書館、遼寧省博物館、遼寧省檔案館、旅順博物館、瀋陽師範大學圖書館榮膺"全國古籍重點保護單位"稱號。在已經公布的第一至五批《國家珍貴古籍名録》中，我省共有544部珍貴古籍入選。2010年至2017年，省政府陸續公布了四批《遼寧省珍貴古籍名録》和遼寧省古籍重點保護單位，評選出3179部珍貴古籍和8家重點保護單位，推動了古籍分級保護制度的建立，促進了古籍存藏環境的明顯改善，帶動了全省古籍保護工作的全面開展。

爲了充分展示“中華古籍保護計劃”實施以來我省的古籍保護工作成果，
2016年我省編輯出版了《遼寧省第一批珍貴古籍名録圖録》（全四册），共收録
我省24家收藏單位的1013部古籍。2018年和2019年6月先後編輯出版了《遼寧省
第二批珍貴古籍名録圖録》（全四册）和《遼寧省第三批珍貴古籍名録圖録》
（全三册），前者收録了我省19家單位的1060部古籍，後者收録了我省13家單位
的705部古籍。今次，我省又編輯了《遼寧省第四批珍貴古籍名録圖録》（全二
册），收録我省11家單位的401部古籍，是我省古籍保護工作的又一階段性成果。
本套《圖録》所收不乏珍稀善本佳槧，如明永樂十三年（1415）内府刻本《詩經
大全》二十卷《綱領》一卷《圖》一卷、明泰昌元年（1620）閔氏刻朱墨套印本
《史記鈔》九十一卷等。

本套《圖録》的出版既是我省文化建設的一大成果，也是繼承和發揚中華優秀
傳統文化的媒介。文化的延續性在於繼承，文化的包容性在於開放，文化的生命力
在於創新。弘揚中華優秀傳統文化的目的在於在發掘傳統文化的歷史意義和現實價
值的基礎上，推陳出新，使其煥發生機和活力。本套書的出版，在這方面起到了引
導和示範的作用。希望更多的有識之士參與到發掘、研究、宣傳、弘揚遼寧省文化
的行動中來，共同創造遼寧省文化大發展大繁榮更加美好的明天。

編　者

2019 年 6 月

凡　例

一、收録範圍

本圖録收録入選第四批《遼寧省珍貴古籍名録》的古籍 401 部。

二、編排方式

本圖録分爲漢文珍貴古籍和少數民族文字珍貴古籍兩大類。漢文古籍依據版本時期分爲明代和清代兩部分，各時期内根據文獻類型慣常的分類方式分類；少數民族文字古籍根據文獻類型慣常的分類方式分類。

三、著録内容

本圖録著録第四批《遼寧省珍貴古籍名録》序號、題名、責任者、版本、題跋、收藏單位、存卷等，缺項則不録。

四、書影選配

本圖録每種古籍選擇書影一幀，以正文卷端爲主。

五、圖録序號

本圖録序號共五位，係第四批《遼寧省珍貴古籍名録》序號，首位"4"代表第四批。

目　録

遼寧省第四批
珍貴古籍名録

漢文珍貴古籍

明 代

40001 三經評注五卷 明萬曆閔齊伋刻三色套印本 遼寧省圖書館

40002 東坡書傳二十卷 （宋）蘇軾撰 明凌濛初刻朱墨套印本 遼寧省圖書館

40003 尚書葦籥五十八卷 （明）潘士遴撰 明崇禎刻本 大連市圖書館

40004 詩傳大全二十卷綱領一卷圖一卷 （明）胡廣等輯 詩序辨說一卷 （宋）朱熹撰 明永樂十三年（1415）内府刻本 邵章題記 遼東學院圖書館

40005 毛詩鄭箋纂疏補協二十卷 （明）屠本畯撰 詩譜一卷 （漢）鄭玄箋 明萬曆二十二年（1594）玄鑒室刻本 遼寧省圖書館

40006 孟子二卷 （宋）蘇洵批點 明萬曆四十五年（1617）閔齊伋刻三色套印本 遼寧省圖書館

40007 四書集注十九卷 （宋）朱熹撰 明吳勉學刻本 遼寧省圖書館

40008 四書參十九卷 （明）李贄撰 （明）楊起元等評 （明）張明憲等參訂 明刻朱墨套印本 遼寧省圖書館

40009 新刻顧隣初先生批點四書大文五卷 （明）顧起元批點明末光啓堂刻朱墨套印本 遼寧省圖書館

40010 經學要義四卷補四卷 （明）卜大有撰 明萬曆刻本 大連市圖書館

40011 埤雅二十卷 （宋）陸佃撰 明刻本 遼寧省圖書館

40012 說文解字十二卷 （漢）許慎撰 （宋）李燾重編 明萬曆二十六年（1598）陳大科刻本 遼寧省圖書館

40013 說文長箋一百首二卷解題一卷六書長箋七卷 （明）趙宧光撰 明崇禎四年（1631）趙均小宛堂刻本 遼寧省圖書館

40014 史記評林一百三十卷 （明）凌稚隆輯 明刻本 遼寧省圖書館

40015 古史六十卷 （宋）蘇轍撰 明萬曆三十九年（1611）南京國子監刻本 遼寧省圖書館

40016 後漢書九十卷 （南朝宋）范曄撰 （唐）李賢注 志三十卷 （晉）司馬彪撰 （南朝梁）劉昭注

（明）陳仁錫評 明天啓刻本 遼寧省圖書館

40017 南史八十卷 （唐）李延壽撰 （明）張溥點評 明張溥刻本 遼寧省圖書館

40018 皇明從信録四十卷 （明）陳建輯 （明）沈國元訂 明末刻本 大連市圖書館

40019 宋史紀事本末二十八卷 （明）馮琦撰 （明）陳邦瞻補 明萬曆刻本 遼寧省圖書館

40020 重訂路史全本四十七卷 （宋）羅泌撰 明刻本 遼東學院圖書館

40021 弇山堂別集一百卷 （明）王世貞撰 明萬曆十八年（1590）翁良瑜雨金堂刻本 大連市圖書館

40022 列女傳十六卷 （漢）劉向撰 （明）汪道昆輯 （明）仇英繪圖 明萬曆汪氏刻清乾隆四十四年（1779）鮑氏知不足齋印本 遼寧省圖書館

40023 列女傳十六卷 （漢）劉向撰 （明）汪道昆輯 （明）仇英繪圖 明萬曆汪氏刻清乾隆四十四年（1779）鮑氏知不足齋印本 魯迅美術學院圖書館

40024 帝鑑圖說不分卷 （明）張居正 呂調陽撰 明刻本 遼寧省圖書館

40025 晏子春秋六卷 明凌澄初刻朱墨套印本 遼寧省圖書館

40026 通鑑總類二十卷 （宋）沈樞撰 明萬曆二十三年（1595）孫隆刻本 遼寧省圖書館

40027 通鑑總類二十卷 （宋）沈樞撰 明萬曆二十三年（1595）孫隆刻本 遼寧省圖書館

40028 史記鈔九十一卷 （明）茅坤輯 明泰昌元年（1620）閔氏刻朱墨套印本 遼寧省圖書館

40029 史記鈔九十一卷 （明）茅坤輯 明泰昌元年（1620）閔氏刻朱墨套印本 遼寧省圖書館

40030 廣輿記二十四卷 （明）陸應陽輯 明萬曆刻本 丹東市圖書館

40031 [天啓]海鹽縣圖經十六卷 （明）樊維城 （明）胡震亨等纂修 明天啓刻本 遼寧省圖書館

40032 岱史十八卷 （明）查志隆撰 （清）張緒彦刪補 明萬曆十五年（1587）戴相堯刻清順治、康熙增修本 遼寧省圖書館

40033 水經注箋四十卷 （明）朱謀㙔撰 明萬曆四十三年（1615）李長庚刻本 遼寧省圖書館

40034 河防一覽十四卷 （明）潘季馴撰 明萬曆十八年

40035 折微籽粒本末四卷附馬房裁革本末一卷 （明）鹿善
繼撰 明崇禎刻本 遼寧省圖書館

40036 通典二百卷 （唐）杜佑撰 明刻本 遼寧省圖書館
稻葉岩吉題識

40037 泊如齋重修宣和博古圖録三十卷 （宋）王黼等撰
明萬曆十六年（1588）泊如齋刻本 遼寧省圖書館

40038 石墨鐫華八卷 （明）趙崡撰 明萬曆四十六年（1618）
趙氏刻本 遼寧省圖書館

40039 孔子家語十卷 （三國魏）王肅注 明崇禎毛氏汲古
閣刻本 遼寧大學圖書館

40040 大學衍義四十三卷 （宋）真德秀撰 明萬曆四年
（1576）吳情刻本 遼寧省圖書館

40041 大學衍義補一百六十卷首一卷 （明）丘浚撰 （明）
陳仁錫評 明崇禎陳仁錫刻本 遼寧省圖書館

40042 大學衍義補一百六十卷首一卷 （明）丘浚撰 （明）
陳仁錫評 明崇禎陳仁錫刻本 遼寧省圖書館

40043 大學衍義補一百六十卷首一卷 （明）丘浚撰 （明）
陳仁錫評 明崇禎陳仁錫刻本 遼寧省圖書館

40044 大學衍義補一百六十卷首一卷 （明）丘浚撰 （明）
陳仁錫評 明萬曆三十三年（1605）刻本 大連市圖
書館

40045 大學衍義補一百六十卷首一卷 （明）丘浚撰 （明）
陳仁錫評 明萬曆三十三年（1605）刻本 大連市圖
書館

40046 温先生稿不分卷 （明）温純撰 （明）温日知等輯
明萬曆十三年（1585）刻本 遼寧省圖書館

40047 武經總要前集二十二卷後集二十一卷 （宋）曾公亮
等撰 行軍須知二卷百戰奇法二卷 明金陵書林唐富
春刻本 遼寧省圖書館

40048 管子二十四卷 （唐）房玄齡注 明萬曆十年（1582）
趙用賢刻本 遼寧省圖書館

40049 韓子迂評二十卷 題（明）門無子評 明刻朱墨套印本
遼寧省圖書館

40050 醫方考六卷 （明）吳昆撰 明萬曆十四年（1586）
刻本 遼寧中醫藥大學圖書館

40051 丹溪心法附餘二十四卷首一卷 （明）方廣輯 明四
知館楊君臨刻本 遼寧省圖書館

40052 二如亭群芳譜三十卷 （明）王象晉輯 明末刻本
遼寧省圖書館

40053 玉髓真經後卷二十一卷 （宋）張洞玄撰 （宋）蘇
居簡等述 明嘉靖二十九年（1550）福州府刻本 遼
寧省圖書館

40054 陽宅真訣三卷 （明）周繼撰 明萬曆三十年（1602）
刻本 錦州市圖書館

40055 八宅四書四卷 （明）一壑居士集 明萬曆二十九年
（1601）刻本 錦州市圖書館

40056 淮南鴻烈解二十一卷 （漢）劉安撰 （明）茅坤等評
明刻朱墨套印本 遼寧省圖書館

40057 淮南鴻烈解二十一卷 （漢）劉安撰 （明）茅坤等評
明刻朱墨套印本 遼寧省圖書館

40058 淮南鴻烈解二十一卷 （漢）劉安撰 （明）茅坤等評
明刻朱墨套印本 遼寧省圖書館

40059 淮南鴻烈解二十一卷 （漢）劉安撰 （明）茅坤等評
明刻朱墨套印本 遼寧省圖書館

40060 淮南鴻烈解二十一卷 （漢）劉安撰 （明）茅坤等評
明刻本 遼寧省圖書館

40061 水東日記四十卷 （明）葉盛撰 明末葉重華賜書樓刻
清康熙十九年（1680）葉方蔚重修本 大連市圖書館

40062 世說新語八卷 （南朝宋）劉義慶撰 （南朝梁）劉
孝標注 （明）張懋辰訂 世說新語補四卷 （明）
何良俊增補 （明）王世貞刪 明萬曆刻本 遼寧省
圖書館

40063 世說新語三卷 （南朝宋）劉義慶撰 （南朝梁）劉
孝標注 明萬曆三十七年（1609）周氏博古堂刻本
遼寧省圖書館

40064 世說新語補二十卷 （南朝宋）劉義慶撰 （南朝梁）
劉孝標注 （明）何良俊增補 （明）王世貞刪定
（明）王世懋批釋 （明）張文柱校注 附釋名一卷
明萬曆十三年（1585）張文柱刻本 遼寧省圖書館

40065 李卓吾批點世說新語補二十卷 （南朝宋）劉義慶撰
（南朝梁）劉孝標注 （明）何良俊增補 （明）王世
貞刪定 （明）王世懋批釋 （明）李贄批點 （明）
張文柱校注 明刻本 遼寧省圖書館

40066 世說新語補四卷目録一卷 （明）何良俊撰 （明）
王世貞刪定 （明）張文柱校注 （明）凌濛初考訂

明凌濛初刻本　遼寧省圖書館

40067　新增格古要論十三卷　（明）曹昭撰　（明）王佐增補
明黄正位刻清淑舲堂重修本　遼寧省圖書館

40068　新增格古要論十三卷　（明）曹昭撰　（明）王佐增補
明黄正位刻清淑舲堂重修本　大連市圖書館

40069　新鐫玉茗堂批選王弇州先生艷異編四十卷　（明）王
世貞撰　（明）湯顯祖評　續編十九卷　題（明）湯
顯祖撰　明刻本　遼寧省圖書館

40070　藝文類聚一百卷　（唐）歐陽詢撰　明嘉靖二十八年
（1549）平陽張松刻本　遼寧省圖書館

40071　唐宋白孔六帖一百卷　（唐）白居易編　（宋）孔傳輯
明刻本（抄補目録十頁，卷七二十九頁）　遼寧省圖
書館

40072　新增說文韻府羣玉二十卷　（元）陰時夫輯　（元）
陰中夫注　（明）王元貞校正　明萬曆十八年（1590）
王元貞刻本　遼寧省圖書館

40073　新刊唐荆川先生稗編一百二十卷目録三卷　（明）唐
順之輯　明萬曆九年（1581）茅一相文霞閣刻本　遼
寧省圖書館

40074　山堂肆考宮集四十八卷商集四十八卷角集四十八卷徵
集四十八卷羽集四十八卷補遺十二卷　（明）彭大翼撰
明萬曆二十三年（1595）刻四十七年（1619）張幼學
重修本　遼寧省圖書館

40075　唐類函二百卷目録一卷　（明）俞安期輯　明萬曆三
十一年（1603）刻四十六年（1618）重修本　遼寧省
圖書館

40076　大佛頂如來密因修證了義諸菩薩萬行首楞嚴經十卷　題
（唐）釋般剌密帝　（唐）釋彌伽釋迦譯　明天啓元年
（1621）凌弘憲刻三色套印本　遼寧省圖書館

40077　林泉老人評唱丹霞淳禪師頌古虛堂習聽録三卷　（元）
釋慧泉編　明萬曆十八年（1590）刻本　遼寧省圖書館

40078　香嚴古溪和尚語録十二卷續編三卷　（明）釋古溪撰
（明）釋明炬等輯　明萬曆三十四年（1606）白邨刻本
遼寧省圖書館

40079　維摩詰所說經十四卷　（後秦）釋鳩摩羅什譯　釋加
如來成道記一卷　（唐）王勃撰　明凌濛初刻朱墨套
印本　遼寧省圖書館

40080　道德真經傳四卷　（唐）陸希聲撰　明正統十年（1445）

刻本　遼寧省圖書館

40081　南華經十六卷　（晋）郭象注　（宋）林希逸口義
（宋）劉辰翁點校　（明）王世貞評點　（明）陳仁
錫批注　明刻四色套印本　遼寧省圖書館

40082　南華經十六卷　（晋）郭象注　（宋）林希逸口義
（宋）劉辰翁點校　（明）王世貞評點　（明）陳仁
錫批注　明刻四色套印本　遼寧省圖書館

40083　莊子郭註十卷　（晋）郭象撰　（唐）陸德明音義
明萬曆三十三年（1605）鄒之嶧刻本　遼寧省圖書館

40084　莊子盧齋口義三十二卷釋音一卷　（宋）林希逸撰
（明）施觀民校　明萬曆四年（1576）陳氏積善堂刻本
遼寧省圖書館

40085　南華真經副墨八卷讀南華真經雜說一卷　（明）陸西
星撰　明萬曆六年（1578）李齊芳刻本　遼寧省圖書館

40086　南華真經副墨八卷讀南華真經雜說一卷　（明）陸西
星撰　明萬曆十三年（1585）孫大綬刻本　遼寧省圖
書館

40087　南華真經副墨八卷讀南華真經雜說一卷　（明）陸西
星撰　（明）孫大綬校　明萬曆十三年（1585）孫大
綬刻本　遼寧省圖書館

40088　新鍥南華真經三註大全二十卷　（明）陳懿典輯　明萬
曆二十一年（1593）余氏自新齋刻本　遼寧省圖書館

40089　天皇至道太清玉冊二卷　（明）朱權撰　明萬曆三十
七年（1609）張進刻本　遼寧省圖書館

40090　三子口義十五卷　（宋）林希逸撰　（明）張四維補
明萬曆二年（1574）敬義堂刻本　遼寧省圖書館

40091　陶靖節集十卷　（晋）陶潛撰　（宋）湯漢等箋注
總論一卷　明萬曆四年（1576）周敬松刻本　遼寧省
圖書館

40092　箋註陶淵明集六卷　（晋）陶潛撰　（宋）湯漢等箋注
（明）張自烈評　總論一卷和陶一卷　（宋）蘇軾撰
律陶一卷　（明）王思任輯　律陶纂一卷　（明）黄
槐開輯　明崇禎刻本　遼寧省圖書館

40093　顔魯公文集二十卷　（唐）顔真卿撰　（明）顔欲章編
明萬曆顔欲章刻本　遼寧省圖書館

40094　顔魯公文集十五卷補遺一卷　（唐）顔真卿撰　年譜
一卷　（宋）留元剛撰　附録一卷　明萬曆十七年
（1589）劉思誠刻本　遼寧省圖書館

40095 **孟浩然詩集二卷** （唐）孟浩然撰 （宋）劉辰翁
（明）李夢陽評 明凌濛初刻朱墨套印本 遼寧省圖書館

40096 **孟浩然詩集二卷** （唐）孟浩然撰 （宋）劉辰翁
（明）李夢陽評 明凌濛初刻朱墨套印本 遼寧省圖書館

40097 **分類補註李太白詩二十五卷** （唐）李白撰 （宋）
楊齊賢集注 （元）蕭士贇補注 明萬曆三十年（1602）
許自昌刻李杜全集本 遼東學院圖書館

40098 **韋蘇州集十卷拾遺一卷** （唐）韋應物撰 （宋）劉
辰翁等評 明凌濛初刻朱墨套印本 遼寧省圖書館

40099 **陸宣公全集二十四卷** （唐）陸贄撰 （明）湯賓尹評
明崇禎元年（1628）湯賓尹刻本 遼寧省圖書館

40100 **朱文公校昌黎先生文集四十卷外集十卷集傳一卷遺文
一卷** （唐）韓愈撰 （宋）朱熹考异 （宋）王伯
大音釋 明嘉靖應鳴鳳刻本 遼寧省圖書館

40101 **柳文二十二卷** （唐）柳宗元撰 明萬曆二十年（1592）
葉萬景刻本 遼寧省圖書館

40102 **宋端明殿學士蔡忠惠公文集四十卷** （宋）蔡襄撰
蔡端明別紀十卷 （明）徐熥輯 明萬曆陳一元刻四
十三年（1615）朱謀㙔、李克家重修本 遼寧省圖書館

40103 **趙清獻公集十卷目録二卷** （宋）趙抃撰 明刻本
遼寧省圖書館

40104 **南豐先生元豐類藁五十卷** （宋）曾鞏撰 明成化八
年（1472）南豐縣刻遞修本 遼寧省圖書館

40105 **新刻臨川王介甫先生詩集一百卷目録二卷** （宋）王
安石撰 （明）李光祚校 明萬曆四十年（1612）王
鳳翔光啓堂刻本 遼寧省圖書館

40106 **東坡先生詩集註三十二卷** （宋）蘇軾撰 題（宋）
王十朋纂集 明末王永積刻本 遼寧省圖書館

40107 **東坡禪喜集十四卷** （宋）蘇軾撰 （明）凌濛初輯
明天啓元年（1621）凌濛初刻朱墨套印本 遼寧省圖
書館

40108 **蘇長公合作八卷補二卷** （宋）蘇軾撰 （明）高啓
李贄批點 （明）鄭之惠評選 （明）凌啓康考釋
附録一卷 明萬曆四十八年（1620）凌啓康刻三色套
印本 遼寧省圖書館

40109 **蘇長公集選二十二卷** （宋）蘇軾撰 （明）錢士鰲選

明萬曆二十六年（1598）何文叔刻本 遼寧省圖書館

40110 **蘇長公文燧不分卷** （宋）蘇軾撰 （明）陳紹英輯
明崇禎四年（1631）刻本 遼寧省圖書館

40111 **蘇文奇賞五十卷** （宋）蘇軾撰 （明）陳仁錫選評
明崇禎四年（1631）陳仁錫刻本 遼寧省圖書館

40112 **欒城集五十卷後集二十四卷三集十卷應詔集十二卷**
（宋）蘇轍撰 明清夢軒刻本 遼寧省圖書館

40113 **宋宗伯徐清正公存稿六卷** （宋）徐鹿卿撰 **附録一卷**
明萬曆四十二年（1614）徐鑑刻本 遼寧省圖書館

40114 **西山先生真文忠公文集五十五卷目録二卷** （宋）真
德秀撰 （宋）楊鷟等重修 明萬曆二十六年（1598）
金曾景賢堂刻崇禎十一年（1638）、清康熙四年（1665）
遞修本 遼寧省圖書館

40115 **重刊黃文獻公文集十卷** （元）黃溍撰 （明）張維
樞輯 明萬曆刻本 遼寧省圖書館

40116 **楊鐵崖文集五卷史義拾遺二卷** （元）楊維禎撰
西湖竹枝集一卷 （元）楊維禎輯 **香奩集一卷**
（元）王德璉撰 明陳子京刻本 遼寧省圖書館

40117 **王文肅公文集五十五卷** （明）王錫爵撰 （明）王
時敏輯 明唐氏廣慶堂刻本 大連市圖書館

40118 **空同子集六十六卷目録三卷** （明）李夢陽撰 **附録
二卷** 明萬曆三十年（1602）鄧雲霄刻本 遼寧省圖
書館

40119 **何大復先生集三十八卷** （明）何景明撰 **附録一卷**
明萬曆五年（1577）陳堂、胡秉性刻本 遼寧省圖書
館

40120 **升菴先生文集八十一卷目録四卷** （明）楊慎撰 明
萬曆二十九年（1601）王藩臣刻本 遼寧省圖書館

40121 **滄溟先生集三十卷** （明）李攀龍撰 **附録一卷** 明
隆慶刻本 遼東學院圖書館

40122 **滄溟先生集三十卷** （明）李攀龍撰 **附録一卷** 明
刻本 遼寧省圖書館

40123 **新刻張太岳先生詩集四十七卷** （明）張居正撰 明
萬曆四十年（1612）唐國達刻本 大連市圖書館
存三十六卷（一至十四、二十四至三十九、四十二至
四十七）

40124 **李氏焚書六卷** （明）李贄撰 明刻本 遼寧省圖書館

40125 **綸扉簡牘十卷** （明）申時行撰 明萬曆二十四年

（1596）申時行刻本　遼寧省圖書館

40126　徐文長文集三十卷　（明）徐渭撰　（明）袁宏道評點
明萬曆四十二年（1614）鍾人杰刻本　遼寧省圖書館

40127　張陽和先生不二齋文選七卷　（明）張元忭撰　明萬
曆張汝霖、張汝懋刻本　遼寧省圖書館

40128　容臺文集九卷詩集四卷別集四卷　（明）董其昌撰
明崇禎三年（1630）刻本　大連市圖書館
存八卷（詩集四卷、別集四卷）

40129　循陔園集八卷　（明）丘禾實撰　明萬曆四十一年
（1613）刻本　遼寧省圖書館

40130　緱山先生集二十七卷　（明）王衡撰　明萬曆刻本
大連市圖書館

40131　李卓吾評選趙大洲先生文集四卷　（明）趙貞吉撰
（明）李贄評　明刻本　遼寧省圖書館

40132　蘇黃風流小品十六卷　（明）黃嘉惠編　明崇禎爾如
堂刻本　遼寧省圖書館

40133　選詩七卷　（南朝梁）蕭統輯　（明）郭正域批點
（明）凌濛初輯評　明凌濛初刻朱墨套印本　遼寧省
圖書館

40134　文選後集五卷　（南朝梁）蕭統輯　（明）郭正域評
明閔于忱刻朱墨套印本　遼寧省圖書館

40135　古詩歸十五卷　（明）鍾惺　譚元春輯　明閔振業刻
三色套印本　遼東學院圖書館

40136　荊石王相國段註百家評林班馬英鋒選十卷　（明）王
錫爵輯　明萬曆二十九年（1601）周時泰刻本　遼寧
省圖書館

40137　文致不分卷　（明）劉士鏻選　（明）閔無頗　閔昭
明集評　明天啓閔元衢刻朱墨套印本　遼寧省圖書館

40138　文字會寶不分卷　（明）朱文治輯　明萬曆三十六年
（1608）朱文治刻本　遼寧省圖書館

40139　宋文鑑一百五十卷目録三卷　（宋）呂祖謙輯　明嘉
靖五年（1526）晉藩朱知烊養德書院刻本　遼寧省圖
書館

40140　元文類七十卷目録三卷　（元）蘇天爵輯　明嘉靖十
六年（1537）晉藩刻本　遼寧省圖書館

40141　聯句私抄四卷　（明）毛紀輯　明嘉靖刻本　遼寧省
圖書館

40142　劉子文心雕龍二卷　（南朝梁）劉勰撰　（明）楊慎

等評點　注二卷　明閔繩初刻五色套印本　遼寧省圖
書館

40143　楊升菴先生批點文心雕龍十卷　（南朝梁）劉勰撰
（明）梅慶生注　（明）楊慎評　明天啓二年（1622）
刻本　大連市圖書館

40144　新刻分類評釋草堂詩餘六卷　（明）李廷機評釋
明李良臣東壁軒刻本　遼寧省圖書館

40145　古香岑草堂詩餘四集十七卷　明末刻童湧泉印本
遼寧省圖書館

40146　元曲選十集一百卷　（明）臧懋循編　論曲一卷
（明）陶宗儀等撰　元曲論一卷　明萬曆刻博古堂印本
遼寧省圖書館

40147　西廂會真傳五卷　（元）王實甫撰　（明）湯顯祖
沈伯英批評　會真記一卷　（唐）元稹撰　明刻三色
套印本　遼寧省圖書館

40148　玉茗堂四種傳奇八卷　（明）湯顯祖撰　明末刻本
遼寧省圖書館

40149　牡丹亭還魂記二卷　（明）湯顯祖撰　明末朱元鎮刻本
遼寧省圖書館

40150　新鐫古今大雅南宮詞紀六卷　（明）陳所聞輯　明萬
曆三十三年（1605）刻本　遼東學院圖書館

40151　新鐫批評出相韓湘子三十回　（明）楊爾曾撰　題（明）
泰和仙客評閱　明天啓三年（1623）金陵九如堂刻本
遼寧省圖書館

40152　百川學海一百十二種　（宋）左圭輯　（明）□□重輯
明刻本　瀋陽市圖書館

40153　小四書四種五卷　（明）朱升輯注　明嘉靖二十三年
（1544）朱升刻本　遼寧省圖書館

40154　由醇録十三種三十五卷　（明）沈節甫輯　明萬曆二
十四年（1596）忠恕堂刻本　遼寧省圖書館

40155　寶顏堂續祕笈五十種一百卷　（明）陳繼儒輯　明萬
曆刻本　大連市圖書館

清　代

40156　五經四書讀本七十七卷　清雍正國子監刻本　遼寧省
圖書館

40157　御纂周易折中二十二卷首一卷　（清）李光地等撰
清康熙五十四年（1715）内府刻本　大連市圖書館

40158 御纂周易折中二十二卷首一卷 （清）李光地等撰
清康熙五十四年（1715）内府刻本 大連市圖書館

40159 御纂周易折中二十二卷首一卷 （清）李光地等撰
清康熙五十四年（1715）内府刻本 遼寧大學圖書館

40160 周易函書約存十八卷約注十八卷別集十六卷 （清）
胡煦撰 清乾隆胡氏葆璞堂刻本 大連市圖書館

40161 易經揆一十四卷易學啓蒙補二卷 （清）梁錫璵撰
清乾隆十六年（1751）刻本 遼東學院圖書館

40162 禹貢譜二卷 （清）王澍撰 清康熙四十六年（1707）
積書岩刻本 大連市圖書館

40163 尚書釋天六卷 （清）盛百二撰 清乾隆十八年（1753）
秀水李氏刻本 大連市圖書館

40164 尚書釋天六卷 （清）盛百二撰 清乾隆十八年（1753）
秀水李氏刻本 遼寧大學圖書館

40165 毛詩日箋六卷 （清）秦松齡撰 清康熙刻本 遼寧
大學圖書館

40166 欽定詩經傳說彙纂二十一卷首二卷詩序二卷 （清）
王鴻緒等撰 清雍正五年（1727）内府刻本 遼東學
院圖書館

40167 毛詩名物圖說九卷 （清）徐鼎撰 清乾隆三十六年
（1771）刻本 遼東學院圖書館

40168 草木疏校正二卷 （清）趙佑撰 清乾隆五十六年
（1791）白鷺洲書院刻本 大連市圖書館

40169 說文解字篆韻譜五卷 （南唐）徐鍇撰 清乾隆影抄本
錦州市圖書館

40170 詩古微二卷 （清）魏源撰 清康熙刻本 佚名批校
遼東學院圖書館

40171 周官精義十二卷 （清）連斗山撰 清乾隆四十一年
（1776）刻本 瀋陽市圖書館

40172 考工記車制圖解二卷 （清）阮元撰 清乾隆五十三
年（1788）七録書館刻本 遼寧大學圖書館

40173 儀禮鄭註句讀十七卷監本正誤一卷石經正誤一卷
（清）張爾岐撰 清乾隆八年（1743）高氏和衷堂刻本
遼寧大學圖書館

40174 日講禮記解義六十四卷 （清）張廷玉等撰 清乾隆
十四年（1749）武英殿刻本 遼寧省圖書館

40175 禮記章句十卷 （清）任啓運撰 清乾隆三十八年
（1773）耿毓孝刻本 遼寧大學圖書館

40176 讀禮通考一百二十卷 （清）徐乾學撰 清康熙三十
五年（1696）昆山徐氏刻本 遼寧大學圖書館

40177 五禮通考二百六十二卷目録二卷首四卷 （清）秦蕙
田撰 清乾隆十八年（1753）秦氏味經窩刻本 瀋陽
市圖書館

40178 黃鍾通韻二卷 （清）都四德纂述 清乾隆刻本 大
連市圖書館

40179 春秋釋例十五卷補一卷 （晋）杜預撰 清乾隆武英
殿木活字印武英殿聚珍版叢書本 清孔繼涵校并補輯
戕殺例世族譜 遼寧省圖書館

40180 左傳經世鈔二十三卷 （清）魏禧評點 清乾隆十三
年（1748）彭家屏刻本 大連市圖書館

40181 春秋繁露十七卷 （漢）董仲舒撰 明有嘉堂抄本
遼寧省圖書館
存六卷（一至六）

40182 穀梁傳一卷 （清）王源評訂 清康熙五十五年（1716）
刻本 大連市圖書館

40183 春秋四傳三十八卷 清康熙十五年（1676）刻本 遼
東學院圖書館

40184 日講春秋解義六十四卷總說一卷 （清）庫勒納等撰
清乾隆二年（1737）武英殿刻本 遼寧省圖書館

40185 孝經集註一卷 （清）世宗胤禛撰 清雍正五年（1727）
内府刻本 遼寧省圖書館

40186 孝經集註一卷 （清）世宗胤禛撰 清雍正五年（1727）
内府刻本 遼寧省圖書館

40187 說文解字十五卷 （漢）許慎撰 清初毛氏汲古閣刻本
遼寧大學圖書館

40188 說文字原考略六卷 （清）吳照輯 清乾隆五十七年
（1792）刻本 遼東學院圖書館

40189 篆書正四卷 （清）戴明說撰 清順治十四年（1657）
胡正言刻本 遼寧大學圖書館

40190 鐘鼎字源五卷 （清）汪立名撰 清康熙五十五年
（1716）一隅草堂刻本 遼寧大學圖書館

40191 隸辨八卷 （清）顧藹吉撰 清康熙五十七年（1718）
項氏玉淵堂刻本 遼東學院圖書館

40192 康熙甲子史館新刊古今通韻十二卷 （清）毛奇齡撰
清康熙二十四年（1685）刻本 遼寧大學圖書館

40193 類音八卷 （清）潘耒撰 清雍正三年（1725）遂初

堂刻本　大連市圖書館

40194　音韻闡微十八卷韻譜一卷　（清）李光地等撰　清雍
正六年（1728）武英殿刻本　遼寧省圖書館

40195　聲韻辨八卷　（清）譚宗撰　清抄本　遼寧省圖書館

40196　史記志疑三十六卷　（清）梁玉繩撰　清乾隆刻本
遼東學院圖書館

40197　兩漢紀六十卷　清康熙三十五年（1696）蔣氏刻本
瀋陽大學圖館

40198　皇清開國方畧三十二卷首一卷　（清）阿桂等撰
清乾隆五十一年（1786）武英殿刻本　遼寧省圖書館

40199　皇清開國方畧三十二卷首一卷　（清）阿桂等撰
清乾隆五十一年（1786）武英殿刻本　遼寧省圖書館

40200　皇清開國方畧三十二卷首一卷　（清）阿桂等撰
清乾隆五十一年（1786）武英殿刻本　遼寧省圖書館

40201　餘生録一卷　（清）邊大綬撰　塘報稿一卷　清順治
二年（1645）刻本　大連市圖書館

40202　庭聞録六卷　（清）劉健述　清抄本　遼寧省圖書館

40203　硃批諭旨不分卷　（清）世宗胤禛撰　清雍正十年至
乾隆三年（1732—1738）内府刻朱墨套印本　遼寧省
圖書館

40204　世宗上諭内閣一百五十九卷　（清）世宗胤禛撰
（清）允祥等編　清雍正九年（1731）内府刻乾隆六
年（1741）武英殿續刻本　遼寧省圖書館

40205　皇清奏議不分卷　清抄本　遼寧省圖書館

40206　防河奏議十卷　（清）嵇曾筠撰　清雍正十一年（1733）
刻本　大連市圖書館

40207　理學宗傳二十六卷　（清）孫奇逢輯　清康熙刻本
遼東學院圖書館

40208　殉難忠臣録一卷逆賊奸臣録一卷客舍偶聞一卷
（清）彭孫貽撰　清彭如皋抄本　遼寧省圖書館

40209　欽定國史大臣列傳□□卷　（清）國史館纂修　清光
緒國史館寫本　遼寧省圖書館
存三卷（九十至九十二）

40210　容甫先生[汪中]年譜一卷先君年表一卷　（清）汪
喜孫撰　壽母小記一卷　（清）郭尚先等撰　清汪氏
抄本　遼寧省圖書館

40211　宗室王公功績表傳五卷表一卷　（清）允祕等撰　清
乾隆二十九年（1764）武英殿刻本　遼寧省圖書館

40212　星源集慶不分卷　清光緒十九年（1893）内府寫本
遼寧省圖書館

40213　河東令狐氏族譜一卷　（清）令狐洼撰　清乾隆九年
（1744）刻本　大連市圖書館

40214　天下郡國利病書一百二十卷　（清）顧炎武撰　清乾隆、
嘉慶抄本　遼寧省圖書館

40215　皇清職貢圖九卷　（清）董誥等纂修　（清）門慶安
等繪　清乾隆武英殿刻本　遼寧省圖書館

40216　皇清職貢圖九卷　（清）董誥等纂修　（清）門慶安
等繪　清乾隆武英殿刻本　遼寧省圖書館

40217　海國聞見録二卷　（清）陳倫炯撰　清乾隆刻本　大
連市圖書館

40218　[乾隆]欽定盛京通志三十二卷　（清）汪由敦等修
清乾隆武英殿刻本　遼寧省圖書館

40219　[乾隆]鄢陵縣志二十一卷首一卷　（清）施誠等撰
清乾隆三十七年（1772）刻本　大連市圖書館

40220　[乾隆]東昌府志五十卷首一卷　（清）胡德琳　周永
年等纂修　清乾隆刻本　大連市圖書館

40221　[乾隆]南寧府志五十六卷　（清）蘇士俊等纂修　清
乾隆刻本　大連市圖書館

40222　南嶽志八卷　（清）高自位編　清乾隆十八年（1753）
開雲樓刻本　遼東學院圖書館

40223　攝山志八卷首一卷　（清）陳毅等纂　清乾隆五十五
年（1790）蘇州府署刻本　大連市圖書館

40224　靳文襄公治河方略十卷首一卷　（清）崔應階輯　清
乾隆三十二年（1767）聽泉齋刻本　大連市圖書館

40225　太湖備考十六卷首一卷　（清）金友理撰　附湖程紀
略一卷　（清）吳曾撰　清乾隆十五年（1750）藝蘭
圃刻本　大連市圖書館

40226　西湖志纂十五卷首一卷　（清）沈德潛等撰　清乾隆
二十七年（1762）賜經堂刻本　大連市圖書館

40227　關中勝蹟圖志三十卷　（清）畢沅輯　清乾隆畢氏經
訓堂刻本　大連市圖書館

40228　天府廣紀四十四卷　（清）孫承澤撰　清初抄本　遼
寧省圖書館

40229　詞林典故八卷　（清）張廷玉等撰　清乾隆十三年
（1748）武英殿刻本　遼寧省圖書館

40230　萬壽盛典初集一百二十卷　（清）王原祁等纂　清康

熙五十四年至五十六年（1715-1717）武英殿刻本　遼寧省圖書館

40231　祀孔典禮三十五卷　（清）孔傳鐸撰　清抄本　遼寧省圖書館

存二十三卷（一、六至十一、二十至三十五）

40232　太常紀要十五卷　（清）江蘩輯　清抄本　遼寧省圖書館

40233　總管内務府現行則例四卷　（清）福錕等纂　清内府抄本　遼寧省圖書館

40234　總管内務府御茶膳房現行則例二卷　清内府寫本　遼寧省圖書館

40235　王儀部先生箋釋三十卷首一卷末一卷　（明）王肯堂撰（清）顧鼎編　清康熙三十年（1691）顧鼎刻本　大連市圖書館

40236　說帖七十六卷目録七卷　（清）律例館輯　清道光抄本　遼寧省圖書館

40237　浙江進呈書檔冊不分卷　（清）三寶輯　清抄本　遼寧省圖書館

40238　普祥峪萬年吉地工程備要全書十卷　清内府寫本　遼寧省圖書館

40239　河防志二十四卷　清抄本　遼寧省圖書館

40240　經義考三百卷目録二卷　（清）朱彝尊編　清乾隆四十二年（1777）胡爾榮刻本　瀋陽市圖書館

40241　隸釋二十七卷隸續二十一卷　（宋）洪适撰　清乾隆四十二年至四十三年（1777-1778）汪日秀樓松書屋刻本　大連市圖書館

40242　兩漢金石記二十二卷　（清）翁方綱撰　清乾隆五十四年（1789）南昌使院刻本　瀋陽市圖書館

40243　金薤琳琅二十卷　（明）都穆撰　補遺一卷　（清）宋振譽撰　清乾隆四十三年（1778）汪荻洲刻本　大連市圖書館

40244　錢幣考摘要六卷　清六君子齋抄本　遼寧省圖書館

40245　評鑑闡要十二卷　（清）劉統勳等撰　清乾隆三十六年（1771）武英殿刻本　遼寧省圖書館

40246　評鑑闡要十二卷　（清）劉統勳等撰　清乾隆三十六年（1771）武英殿刻本　遼寧省圖書館

40247　御製資政要覽三卷　（清）世祖福臨撰　清順治十二年（1655）内府刻本　大連市圖書館

40248　御纂性理精義十二卷　（清）李光地等纂　清康熙五十六年（1717）内府刻本　遼寧省圖書館

40249　孝經衍義四十七卷　（清）張能鱗輯　清抄本　錦州市圖書館

40250　日知薈說四卷　（清）高宗弘曆撰　清乾隆元年（1736）武英殿刻本　遼寧省圖書館

40251　日知薈說四卷　（清）高宗弘曆撰　清乾隆元年（1736）武英殿刻本　遼寧省圖書館

40252　日知薈說四卷　（清）高宗弘曆撰　清乾隆元年（1736）武英殿刻本　遼寧大學圖書館

40253　戰機覽快不分卷覽恨不分卷亂機鑑不分卷　（明）陳伯友輯　清陳楷抄本　遼寧省圖書館

40254　治平勝算全書二十八卷　（清）年羹堯輯　清抄本　遼寧省書館

40255　針灸大成十卷　（明）楊繼洲撰　（清）李月桂重訂　清康熙十九年（1680）李月桂刻本　遼寧大學圖書館

40256　增補食物本草備考二卷　（清）何其言　何省軒輯編　清雍正十年（1732）抱青閣刻本　大連市圖書館

40257　洞天奧旨十六卷　（清）陳士鐸撰　清乾隆五十五年（1790）大雅堂刻本　遼寧中醫藥大學圖書館

40258　新制儀象圖一百十七幅　（比利時）南懷仁撰　清康熙十三年（1674）内府刻本　大連市圖書館

40259　欽定選擇曆書十卷　（清）安泰等纂修　清康熙内府刻本　大連市圖書館

40260　书畫跋跋三卷續三卷附總目不分卷　（明）孫礦撰（清）孫宗溥　孫宗濂校刻　清乾隆五年（1740）居業堂刻本　魯迅美術學院圖書館

40261　西堂雜組一集八卷二集八卷三集八卷　（清）尤侗撰　清康熙刻本　遼東學院圖書館

40262　藝林彙考三十九卷　（清）沈自南輯　清康熙二年（1663）刻本　大連市圖書館

40263　炙硯瑣談三卷　（清）湯大奎撰　清乾隆五十七年（1792）亦有生齋刻本　大連市圖書館

40264　日知録三十二卷　（清）顧炎武撰　清康熙三十四年（1695）潘耒遂初堂刻本　大連市圖書館

40265　日知録三十二卷　（清）顧炎武撰　清康熙三十四年（1695）潘耒遂初堂刻本　大連市圖書館

40266　日知録三十二卷　（清）顧炎武撰　清康熙三十四年

（1695）潘末遂初堂刻本　遼陽市圖書館

40267　山海經十八卷　（晋）郭璞撰　清康熙五十三年至五十四年（1714-1715）項綱群玉書堂刻本　丹東市圖書館

40268　均藻述五卷　（明）楊慎撰　（清）福申校定　清抄本　大連市圖書館

40269　增定雅俗稽言四十卷　（明）張存紳撰　清康熙刻本　大連市圖書館

40270　三才彙編六卷　（清）龔在升撰　（清）顧珵美增補　清康熙五年（1666）毛氏汲古閣刻本　大連市圖書館

40271　淵鑑類函四百五十卷目録四卷　（清）張英等撰　清康熙四十九年（1710）揚州詩局刻本　遼寧省圖書館

40272　分類字錦六十四卷　（清）何焯等輯　清康熙六十一年（1722）内府刻本　遼寧省圖書館

40273　分類字錦六十四卷　（清）何焯等輯　清康熙六十一年（1722）内府刻本　遼寧省圖書館

40274　善住意天子所問經三卷　（北魏）釋毗目智仙　釋流支等譯　清雍正十三年（1735）内府刻本　遼寧省圖書館

40275　宗鏡録一百卷　（宋）釋延壽輯　清雍正十三年（1735）内府刻本　遼寧省圖書館

40276　御録宗鏡大綱二十卷　（清）世宗胤禛録　清雍正十二年（1734）内府刻本　遼寧省圖書館

40277　萬善同歸集六卷　（宋）釋延壽撰　清雍正十一年（1733）内府刻本　遼寧省圖書館

40278　重訂教乘法數十二卷　（清）世宗胤禛重訂　清雍正十三年（1735）内府刻本　遼寧省圖書館

40279　御選語録十九卷　（清）世宗胤禛選　清雍正十一年（1733）内府刻本　遼寧省圖書館

40280　楚辭十七卷　（漢）王逸章句　（宋）洪興祖補注　清初毛氏汲古閣刻本　遼寧大學圖書館

40281　屈子貫五卷　（清）張詩撰　清康熙四十年（1701）刻本　遼寧大學圖書館

40282　楚辭新集注八卷　（清）屈復撰　**楚懷襄二王在位事蹟考一卷**　（清）林雲銘撰　**末一卷**　清乾隆三年（1738）刻本　遼寧大學圖書館

40283　楚辭節注六卷　（清）姚培謙撰　**楚辭葉音一卷**　（清）劉維謙撰　清乾隆六年（1741）刻本　遼寧大學圖書館

40284　山帶閣注楚辭六卷首一卷餘論二卷說韻一卷　（清）蔣驥撰　清雍正五年（1727）蔣氏山帶閣刻本　遼寧大學圖書館

40285　劉隨州詩八卷　（唐）劉長卿撰　清康熙三十八年（1699）愛古堂刻本　丹東市圖書館

40286　杜詩直解五卷　（唐）杜甫撰　（清）范廷謀注釋　**杜工部年譜一卷**　（清）范廷謀撰　清雍正六年（1728）稼石堂刻本　遼東學院圖書館

40287　讀杜心解六卷首二卷　（清）浦起龍撰　清雍正二年至三年（1724-1725）浦氏寧我齋刻本　遼東學院圖書館

40288　韓昌黎詩集編年箋注十二卷　（清）方世舉撰　清乾隆二十三年（1758）盧見曾雅雨堂刻本　遼東學院圖書館

40289　施註蘇詩四十二卷總目二卷　（宋）蘇軾撰　（宋）施元之　（宋）顧禧注　（清）邵長蘅等删補　**蘇詩續補遺二卷**　（宋）蘇軾撰　（清）馮景續注　**王注正訛一卷**　（清）邵長蘅撰　**東坡先生年譜一卷**　（宋）王宗稷撰　清康熙三十八年（1699）宋犖刻本　遼東學院圖書館

40290　陵陽先生集四卷　（宋）韓駒撰　清初抄本　遼寧省圖書館

40291　傅忠肅公文集三卷　（宋）傅察撰　清彭元瑞知聖道齋抄本　遼寧省圖書館

40292　西山先生真文忠公文集五十五卷目録二卷　（宋）真德秀撰　（宋）楊鷳等重修　明萬曆二十六年（1598）金學曾景賢堂刻崇禎十一年（1638）、清康熙四年（1665）遞修本　遼寧省圖書館

40293　九靈山房集三十卷　（元）戴良撰　清康熙四十三年（1704）抄本　遼寧省圖書館
存二十七卷（一至三、七至三十）

40294　九靈山房集三十卷補編二卷　（元）戴良撰　清乾隆三十七年（1772）戴氏傳經書屋刻本　大連市圖書館

40295　張龍湖先生文集十五卷　（明）張治撰　清雍正四年（1726）彭思春刻本　大連市圖書館

40296　繆文貞公文集二卷　（明）繆昌期撰　清雍正六年（1728）耕學草堂刻本　大連市圖書館

40297　東臯録三卷　（明）釋妙聲撰　清汲古閣抄本　遼寧省圖書館

40298 陳安甫小草一卷 （明）陳堯德撰 清抄本 大連市圖書館

40299 于清端公政書八卷外集一卷續集一卷 （清）于成龍撰 清康熙四十六年（1707）刻本 大連市圖書館

40300 借園雜集不分卷 （明）祝守範撰 清抄本 遼寧省圖書館

40301 蒿菴集三卷 （清）張爾岐撰 **附録一卷** 清紅豆齋抄本 遼寧省圖書館

40302 江漢文集九卷 （清）侯方域撰 清抄本 羅振玉跋 大連市圖書館

40303 璿璣碎錦二卷 （清）萬樹撰 清乾隆五年（1740）江氏栢香堂刻本 大連市圖書館

40304 嘯台集不分卷 （清）楊潽吉撰 清抄本 遼寧省圖書館

40305 張文貞公集十二卷 （清）張玉書撰 清乾隆五十七年（1792）張氏松蔭堂刻本 大連市圖書館

40306 御製文集四十卷總目五卷二集五十卷總目六卷三集五十卷總目六卷四集三十六卷總目四卷 （清）聖祖玄燁撰 （清）張玉書等編 清康熙五十年（1711）、雍正十年（1732）內府刻本 遼寧省圖書館

40307 葆璞堂詩集四卷文集四卷 （清）胡煦撰 清乾隆三十七年（1772）家刻本 大連市圖書館

40308 閒青堂詩集十卷附録一卷 （清）朱倫瀚撰 清乾隆四十三年（1778）刻本 大連市圖書館

40309 翼堂詩集二卷 （清）邱迥撰 清乾隆十四年（1749）刻本 大連市圖書館

40310 世宗憲皇帝御製文集三十卷附交輝園遺稿一卷 （清）世宗胤禛撰 清乾隆三年（1738）內府刻本 大連市圖書館

40311 蘭笋山房藁八卷 （清）朱鎮撰 清抄本 遼寧省圖書館

40312 陶人心語六卷 （清）唐英撰 清乾隆三十七年（1772）古柏堂刻本 大連市圖書館

40313 樂善堂全集四十卷目録四卷 （清）高宗弘曆撰 清乾隆二年（1737）武英殿刻本 遼寧省圖書館

40314 樂善堂全集四十卷目録四卷 （清）高宗弘曆撰 清乾隆二年（1737）武英殿刻本 大連市圖書館

40315 樂善堂全集定本三十卷目録一卷 （清）高宗弘曆撰 清乾隆二十四年（1759）武英殿刻本 大連市圖書館

40316 御製樂善堂集四卷 （清）高宗弘曆撰 （清）姚培謙注 清乾隆六年（1741）刻本 大連市圖書館

40317 御製文初集三十卷目録二卷二集四十四卷目録二卷三集十六卷目録二卷餘集二卷詩餘集二十卷目録三卷 （清）高宗弘曆撰 清乾隆二十八年至嘉慶五年（1763-1800）內府刻本 遼寧省圖書館

40318 御製圓明園詩二卷 （清）高宗弘曆撰 （清）鄂爾泰等注 清乾隆十年（1745）武英殿刻朱墨套印本 遼寧省圖書館

40319 御製圓明園詩二卷 （清）高宗弘曆撰 （清）鄂爾泰等注 清乾隆十年（1745）武英殿刻朱墨套印本 遼寧省圖書館

40320 御製全韻詩五卷 （清）高宗弘曆撰 清乾隆彭元瑞刻進呈本 遼寧省圖書館

40321 御製擬白居易新樂府不分卷 （清）高宗弘曆撰 清乾隆內府刻本 遼寧省圖書館

40322 御製盛京賦一卷 （清）高宗弘曆撰 （清）鄂爾泰等注 清乾隆武英殿刻朱墨套印本 遼寧省圖書館

40323 御製冰嬉賦一卷 （清）高宗弘曆撰 清乾隆十年（1745）武英殿刻朱墨套印本 遼寧省圖書館

40324 御製古稀說一卷 （清）高宗弘曆撰 **古稀頌一卷** （清）彭元瑞撰 清乾隆內府刻本 遼寧省圖書館

40325 御製古稀說一卷 （清）高宗弘曆撰 **古稀頌一卷** （清）彭元瑞撰 清乾隆內府刻本 遼寧省圖書館

40326 御製古稀說一卷 （清）高宗弘曆撰 **古稀頌一卷** （清）彭元瑞撰 清乾隆內府刻本 大連市圖書館

40327 鮚埼亭外集五十卷雜録一卷 （清）全祖望撰 清抄本 沈景修題識 大連市圖書館

40328 沙河逸老小稿六卷嶰穀詞一卷 （清）馬曰琯撰 清乾隆二十三年（1758）馬曰璐刻本 大連市圖書館

40329 綠杉野屋集四卷 （清）徐以泰撰 清乾隆刻本 大連市圖書館

40330 綠杉野屋集四卷 （清）徐以泰撰 清乾隆刻本 大連市圖書館

40331 聽秋軒詩集四卷 （清）駱綺蘭撰 清乾隆六十年（1795）金陵龔氏刻本 大連市圖書館

40332 何氏學四卷 （清）何治運撰 清嘉慶二十四年（1819）

刻本　大連市圖書館

40333　思元齋全集七卷　（清）裕瑞撰　清嘉慶七年至十七年（1802-1812）自刻本　大連市圖書館

40334　續刻棗窗文稿一卷再刻棗窗文稿一卷沈居集詠一卷東行吟抄一卷　（清）裕瑞撰　清道光刻本　大連市圖書館
缺一卷（續刻棗窗文稿一卷）

40335　古詩箋三十二卷　（清）王士禛輯　（清）聞人倓箋　清乾隆三十一年（1766）芷蘭堂刻本　遼東學院圖書館

40336　御定歷代題畫詩類一百二十卷　（清）陳邦彦輯　清康熙四十六年（1707）内府刻本　大連市圖書館
存一百十八卷（一至九、十二至一百二十）

40337　御定歷代賦彙一百四十卷外集二十卷逸句二卷補遺二十二卷目録三卷　（清）陳元龍等輯　清康熙四十五年（1706）内府刻本　遼東學院圖書館

40338　買愁集四卷　（清）錢尚濠輯　清初刻本　大連市圖書館

40339　漢詩說十卷總說一卷　（清）沈用濟　（清）費錫璜撰　清康熙掣鯨堂刻本　遼寧大學圖書館

40340　唐詩別裁集十卷　（清）沈德潛　（清）陳培脉輯　清康熙五十六年（1717）刻本　遼寧大學圖書館

40341　明詩綜一百卷　（清）朱彝尊輯　清康熙刻本　遼寧大學圖書館

40342　明詩綜一百卷　（清）朱彝尊輯　清康熙刻雍正朱氏六峰閣印本　錦州市圖書館

40343　明人詩鈔正集十四卷續集十四卷　（清）朱琰輯　清乾隆二十五年（1760）樊桐山房刻本　遼寧大學圖書館

40344　南邦黎獻集十六卷　（清）鄂爾泰輯　清雍正三年（1725）刻本　大連市圖書館

40345　御製避暑山莊三十六景詩二卷　（清）聖祖玄燁　高宗弘曆撰　（清）揆叙等注　（清）沈崳繪圖　清乾隆六年（1741）武英殿刻本　遼寧省圖書館

40346　御製避暑山莊三十六景詩二卷　（清）聖祖玄燁　高宗弘曆撰　（清）揆叙等注　（清）沈崳繪圖　清乾隆六年（1741）武英殿刻本　遼寧省圖書館

40347　千叟宴詩三十四卷首二卷　（清）高宗弘曆等撰　清乾隆五十年（1785）武英殿刻本　遼寧省圖書館

40348　本朝館閣詩二十卷附録一卷　（清）阮學浩　阮學浚輯　清乾隆二十三年（1758）困學書屋刻本　大連市圖書館

40349　吳江沈氏詩集十二卷　（清）沈祖禹輯　清乾隆五年（1740）刻本　大連市圖書館

40350　四焉齋文集八卷　（清）曹一士撰　清乾隆十五年（1750）刻本　大連市圖書館

40351　趙氏淵源集十卷　（清）趙紹祖輯　清嘉慶古墨齋刻本　大連市圖書館

40352　文心雕龍十卷　（南朝梁）劉勰撰　（清）黃叔琳輯注　清乾隆六年（1741）黃氏養素堂刻本　遼寧大學圖書館

40353　五代詩話十二卷　（清）王士禛輯　清乾隆十三年（1748）養素堂刻本　遼東學院圖書館

40354　本事詩十二卷　（清）徐釚輯　清乾隆二十二年（1757）汪氏半松書屋刻本　大連市圖書館

40355　御選歷代詩餘一百二十卷　（清）聖祖玄燁選　（清）沈辰垣等輯　清康熙四十六年（1707）内府刻本　錦州市圖書館

40356　玉茗堂還魂記二卷　（明）湯顯祖撰　清乾隆五十年（1785）冰絲館刻本　大連市圖書館

40357　異方便淨土傳燈歸元鏡三祖實録二卷　（明）釋智達撰　清乾隆四十九年（1784）刻本　大連市圖書館

40358　新琵琶四卷　（清）張錦撰　（清）成錫田評　清嘉慶四年（1799）貯書樓刻本　大連市圖書館

40359　新訂時調昆腔綴白裘六編二十四卷　（清）錢德蒼輯　清乾隆三十五年（1770）寶仁堂刻本　大連市圖書館

40360　新列國志一百八回　（明）馮夢龍編　（清）金人瑞評　清初刻本　遼寧省圖書館

40361　增訂精忠演義說本全傳二十卷八十回　（清）錢彩撰　（清）金豐補　清初錦春堂刻本　大連市圖書館

40362　新鐫批評綉像玉嬌梨小傳二十回　題（清）荑秋散人編次　清初刻本　大連市圖書館

40363　新刻鍾伯敬先生批評封神演義十九卷一百回　（明）陸西星撰　（明）鍾惺評　清康熙四雪草堂刻本　大連市圖書館

40364　新編東遊記二十卷一百回　題（明）清溪道人撰　清康熙雲林刻本　大連市圖書館

40365　新鐫綉像濟顛大師全傳三十六則　題（清）西湖香嬰

居士重編　（清）鴛水紫髯道人評閱　清康熙七年
（1668）刻本　大連市圖書館

40366　聊齋志異十六卷　（清）蒲松齡撰　清乾隆三十一年
（1766）青柯亭刻本　大連市圖書館
存十五卷（一至十五）

40367　花陣綺言十二卷　（清）仙叟石公纂輯　清初刻本
大連市圖書館

40368　增訂漢魏叢書八十六種　（清）王謨輯　清乾隆五十
六年（1791）金溪王氏刻本　瀋陽市圖書館

少數民族文字珍貴古籍

40369　書經六卷　題（清）鴻遠堂編　清乾隆三年（1738）
文錦二西堂刻本　滿漢合璧　遼寧省圖書館

40370　詩經八卷　（宋）朱熹集傳　（清）佚名譯　清乾隆
三十三年（1768）武英殿刻本　滿漢合璧　遼寧省圖
書館

40371　禮記三十卷　（漢）戴聖編纂　清乾隆四十八年（1783）
武英殿刻本　滿漢合璧　遼寧省圖書館

40372　日講春秋解義六十四卷　（清）庫勒納等纂　清乾隆
二年（1737）武英殿刻本　滿文　遼寧省圖書館

40373　日講四書解義一百二十一卷　（清）喇沙里等纂　清
康熙十六年（1677）內府刻本　滿文　遼寧省圖書館

40374　增訂四書字解不分卷　清雍正十年（1732）墨華堂刻本
滿漢合璧　遼寧省圖書館

40375　孝經集注一卷　（清）世宗胤禛撰　清雍正五年（1727）
內府刻本　滿文　遼寧省圖書館

40376　滿漢經文成語不分卷　（清）明鐸編譯　清乾隆二年
（1737）京都英華堂刻本　滿漢合璧　遼寧省圖書館

40377　欽定清漢對音字式一卷　清乾隆三十七年（1772）武
英殿刻本　滿漢合璧　遼寧省圖書館

40378　滿漢同文全書八卷　（清）佚名輯　清康熙二十九年
（1690）刻本　滿漢合璧　遼寧省圖書館

40379　滿漢類書三十二卷　（清）桑額輯　清康熙四十五年
（1706）天繪閣書坊刻本　滿漢合璧　遼寧省圖書館

40380　御製滿蒙文鑑二十卷總綱四卷　（清）拉錫等編　清
康熙五十六年（1717）武英殿刻本　滿蒙合璧　遼寧
省圖書

40381　音漢清文鑑二十卷　（清）明鐸注　清雍正十三年
（1735）京都英華堂刻騎河樓文瑞堂印本　滿漢合璧
遼寧省圖書館

40382　六部成語六卷　（清）佚名輯　清乾隆七年（1742）
京都永魁齋刻本　滿漢合璧　遼寧省圖書館

40383　三合便覽不分卷　（清）敬齋輯　（清）富俊增補
清乾隆五十七年（1792）富俊刻本　滿漢蒙合璧
遼寧省圖書館

40384　初學指南二卷　（清）智信撰　（清）富俊譯　清乾
隆五十九年（1794）富俊紹衣堂刻本　滿漢合璧
遼寧省圖書館

40385　八旗滿洲氏族通譜八十卷　（清）鄂爾泰等撰　（清）
覺羅塔爾布譯　清乾隆九年（1744）武英殿刻本　滿文
遼寧省圖書館

40386　欽定西域同文志二十四卷　（清）傅恒等纂　清乾隆
二十八年（1763）武英殿刻本　滿漢蒙藏托忒維吾爾
合璧　遼寧省圖書館

40387　欽定滿洲祭神祭天典禮六卷　（清）允祿等纂　清乾
隆十二年（1747）武英殿刻本　滿文　遼寧省圖書館

40388　欽定國子監則例三十卷　（清）蔡新等纂修　清乾隆
三十七年（1772）武英殿刻本　滿文　遼寧省圖書館

40389　欽定八旗則例十二卷　（清）鄂爾泰等纂修　清乾隆
七年（1742）武英殿刻本　滿文　遼寧省圖書館

40390　大清律續纂條例總類二卷　（清）弘晝等纂　清乾隆
五年（1740）武英殿刻本　滿文　遼寧省圖書館

40391　八旗通志初集二百五十卷　（清）鄂爾泰等纂修　清
乾隆四年（1739）武英殿刻本　滿文　遼寧省圖書館

40392　御製人臣儆心録一卷　（清）世祖福臨撰　清順治十
二年（1655）內府刻本　滿文　遼寧省圖書館

40393　世宗上諭八卷　（清）世宗胤禛撰　清雍正武英殿刻本
滿漢合璧　遼寧省圖書館

40394　諭旗務議覆十三卷　（清）世宗胤禛撰　（清）允祿
等輯　清雍正九年（1731）武英殿刻乾隆六年（1741）
續刻本　滿文　遼寧省圖書館

40395　諭行旗務奏議十三卷　（清）世宗胤禛撰　（清）允
祿等輯　清雍正九年（1731）武英殿刻乾隆六年（1741）
續刻本　滿文　遼寧省圖書館

40396　滿文遊記資料不分卷　清刻本　滿文　遼寧省圖書館

40397　**小學集注六卷**　（宋）朱熹撰　（明）陳選注　（清）
古巴岱譯　清雍正五年（1727）武英殿刻本　滿文
遼寧省圖書館

40398　**聖諭廣訓一卷**　（清）聖祖玄燁撰　（清）世宗胤禛廣
訓　清雍正二年（1724）刻本　滿文　遼寧省圖書館

40499　**聖祖仁皇帝庭訓格言二卷**　（清）世宗胤禛輯　清雍

正八年（1730）内府刻本　滿文　遼寧省圖書館

40400　**四本簡要四卷**　（清）朱潮遠編　（清）富明安
譯　清乾隆刻本　滿漢合璧　遼寧省圖書館

40401　**御纂性理精義十二卷**　（清）李光地等纂修　清康熙
五十六年（1717）武英殿刻本　滿文　遼寧省圖書館

遼寧省第四批
珍貴古籍圖録

漢文珍貴古籍

古者死於他邦無親
朋友為之祖免仲子
舍適立庶父兄不能
正檀弓以為猶襲親
也故為之免以示譏
免以看廣寸徑項中
而前交共頷又却向
後而統於髻本五世
之服

何居只是何也
與夜如何其同
義何也則方何
居則圓
疊一句法使人
悟其意

檀弓

上篇

公儀仲子之喪檀弓免焉仲子舍其孫而立其

子檀弓曰何居我未之前聞也趨而就子服伯

子於門右仲子舍其孫而立其子何也伯子

曰仲子亦猶行古之道也昔者文王舍伯邑考

而立武王微子舍其孫腯而立衍也夫仲子亦

猶行古之道也子游問諸孔子孔子曰否立孫

一

東坡書傳卷一

虞書

堯典第一

昔在帝堯聰明文思

聰者無所不聞明者無所不見文者其法度也

思者其智慮也

光宅天下

聖人之德如日月之光貞一而無所不及也

將遜于位

東坡書傳 卷一

一

教了九日此篇
文字極雅馴古
來第一史筆

尚書韋篇

虞書

後學

東海潘士遴輯著

古瀋張孫振鑒定

堯典

書尚

尚書韋篇 虞堯典

舜史載堯事禹史載舜事不應皆曰稽古以理考之紀

載出于虞史而緒成于夏啟以後史臣之手稽古等語

夏史所加也春秋傳多引爲夏書據所成也孔子定爲

虞書原所自也○每書原古今文有無者伏生二十八篇

晁錯所傳號今文尚書以隸行世所用者孔壁所藏蝌

蚪文字古蒼頡所書爲孔安國所定五十八篇號古文

堯初爲唐侯後都陶曰陶唐唐氏上古世質無號謚堯天

一

40003　尚書韋篇五十八卷　（明）潘士遴撰　明崇禎刻本　大連市圖書館

詩傳大全卷之一

國風一　安成劉氏曰集傳於國風之下係以一者。以國
風居四詩之首也。下文周南一之一者。周南又
之居國風中十五國
之首也。後倣此

國者諸侯所封之域而風者民俗歌謠之詩也謂之

風者以其被上之化以有言而其言又足以感人如

物因風之動以有聲而其聲又足以動物也是以諸

侯采之以貢於天子天子受之而列於樂官於以考

其俗尚之美惡而知其政治之得失焉　朱子曰男女
相與詠歌以

言其情。行人振木鐸徇路采之何休云男年六十女

年五十無子者。官衣食之使采詩邑移於國。國以聞

于天　舊說二南為正風所以用之閨門鄉黨邦國而
子

毛詩鄭箋卷之一　　　國風

周卜商子夏叙　漢趙人毛萇傳　北海鄭玄箋

朙甬東屠本畯纂疏補恊江都陸弼歙程應衢校

周南關雎詁訓傳第一

關雎后妃之德也風之始也所以風天下而正夫婦
也故用之鄉人焉用之邦國焉風風也敎也風以動
之敎以化之詩者志之所之也在心爲志發言爲詩
情動于中而形于言言之不足故嗟嘆之嗟嘆之不
足故永歌之永歌之不足不知手之舞之足之蹈之
也情發於聲聲成文謂之音

40005　　毛詩鄭箋纂疏補恊二十卷　　〔明〕屠本畯撰　詩譜一卷

〔漢〕鄭玄箋　明萬曆二十二年（1594）玄鑒室刻本　遼寧省圖書館

孟子

梁惠王

孟子見梁惠王王曰叟不遠千里而來亦將有

以利吾國乎孟子對曰王何必曰利亦有仁義

而巳矣王曰何以利吾國大夫曰何以利吾家

士庶人曰何以利吾身上下交征利而國危矣

萬乘之國弒其君者必千乘之家千乘之國弒

其君者必百乘之家萬取千焉千取百焉不爲

此篇皆引岩
以當道得選
諫之體
離兩段作波
瀾乾徹上文

一句藏住

婉切
諫
嚴緊

40006　孟子二卷　（宋）蘇洵批點　明萬曆四十五年（1617）閔齊伋刻三色套印本　遼寧省圖書館

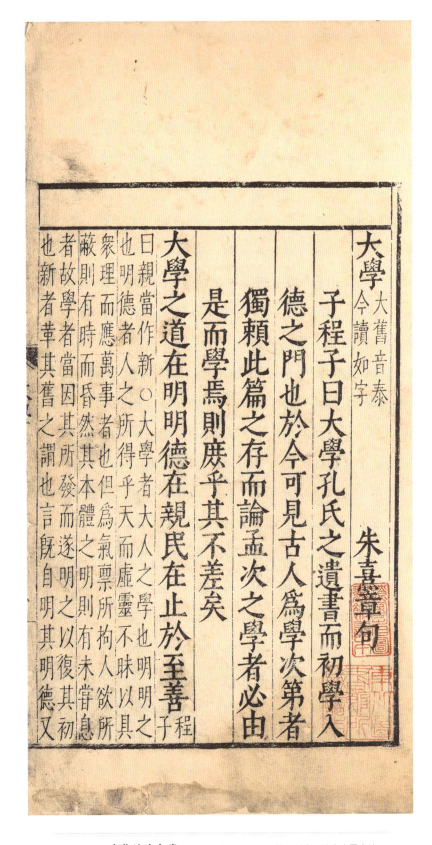

大學 大舊音泰 今讀如字

朱熹章句

子程子曰大學孔氏之遺書而初學入
德之門也於今可見古人爲學次第者
獨賴此篇之存而論孟次之學者必由
是而學焉則庶乎其不差矣

大學之道在明明德在親民在止於至善 程子
曰親當作新 ○ 大學者大人之學也明明之
也明德者人之所得乎天而虛靈不昧以具
衆理而應萬事者也但爲氣稟所拘人欲所
蔽則有時而昏然其本體之明則有未嘗息
者故學者當因其所發而遂明之以復其初
也新者革其舊之謂也言既自明其明德又

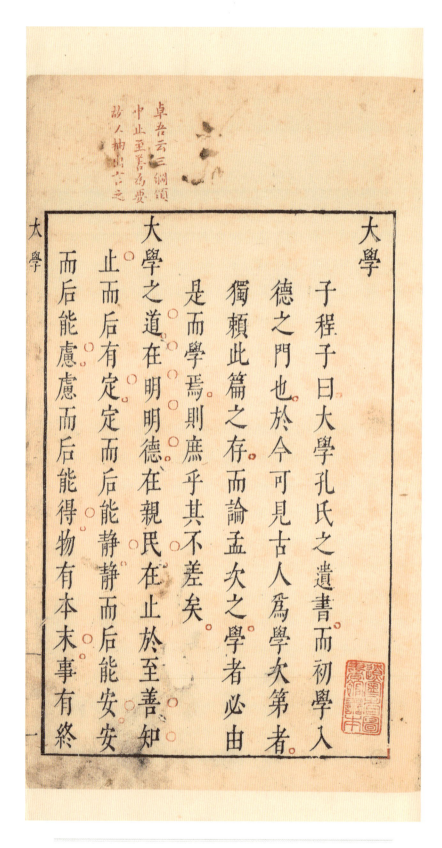

40008 四書參十九卷 （明）李贄撰 （明）楊起元等評 （明）張明憲

等參訂 明刻朱墨套印本 遼寧省圖書館

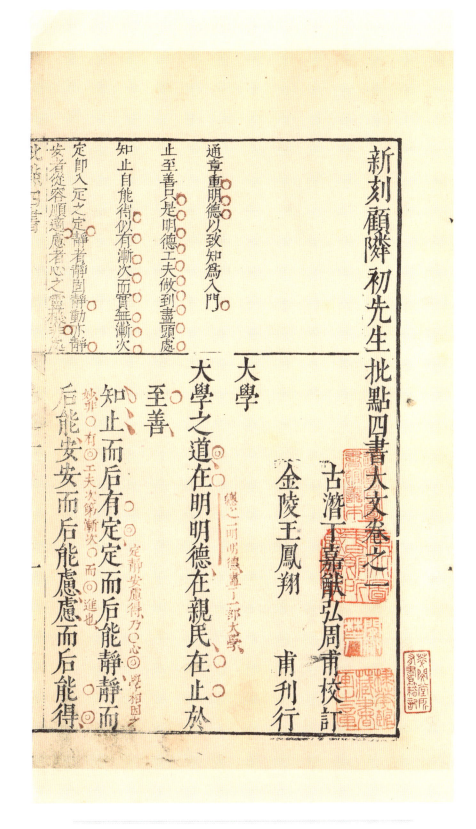

40009　新刻顧隣初先生批點四書大文五卷　（明）顧起元批點　明末

光啟堂刻朱墨套印本　遼寧省圖書館

經學要義第一卷

後學秀水卜大有輯

男堯齡　曰驛校
姪曰豪　曰貞校

吳紉清禮記纂言本

經解

經其教雖異總以禮為本故記者錄入於禮
經解名篇六
此篇解說六經之所以教故以經解名篇六

孔子曰入其國其教可知也其為人也溫柔敦厚詩教也疏通知
遠者書教也廣博易良樂教也絜靜精微易教也恭儉莊敬禮教也
屬辭比事春秋教也此以下益記者之言篇首先引夫子一語而
此則知此國之君故詩之失愚書之失誣樂之失奢易之失賊禮
之失煩春秋之失亂所謂盡信書不如無書者是也器物聲容之

此推廣其義謂入到此國見其國內之為人如
以此則知其民也故所謂告以井有人焉而從之者也誣如

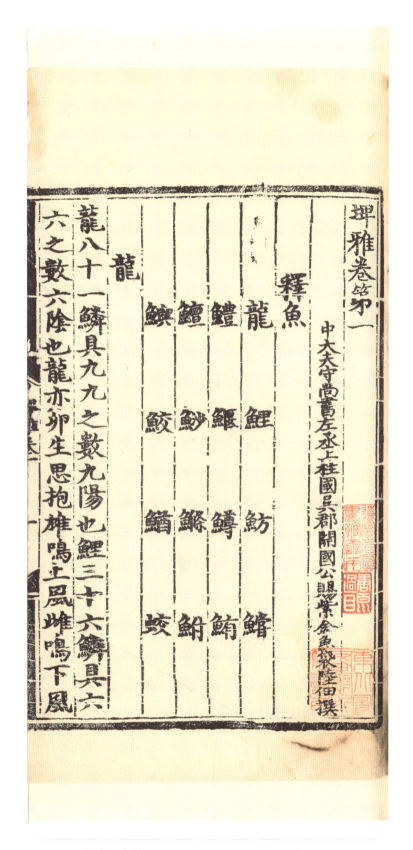

六之數六陰也龍亦卵生思抱雄鳴上風雌鳴下風
龍八十一鱗具九九之數九陽也鯉三十六鱗具六

龍
鯉 魴 鱔
鱧 鱣 鱒 鮪
鱧 鯊 鰋 鯫 鮒
鰍 鮫 鰌 鮒 蛟

釋魚

中大夫守尚書左丞上柱國吳郡開國公賜紫金魚袋陸佃撰

埤雅卷第一

40011　埤雅二十卷　　（宋）陸佃撰　明刻本　遼寧省圖書館

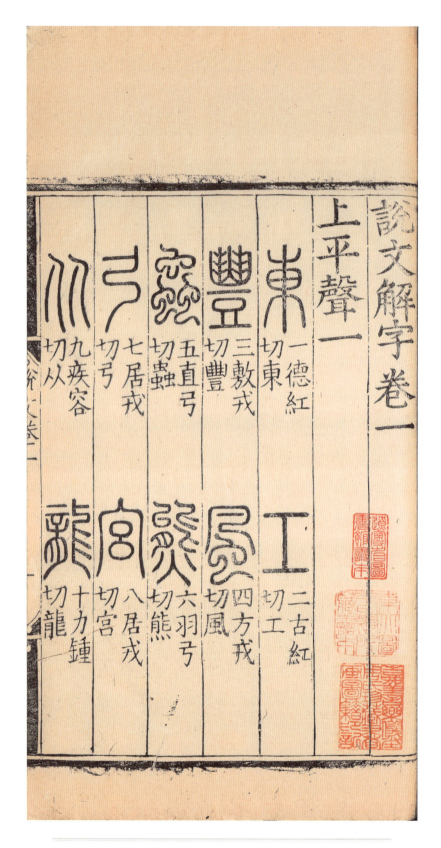

說文長箋卷卅一

漢大尉祭酒鄮慎說文　唐敩書郎徐鉉韻譜

明祭酒諸生甜宧炎長箋　男甜　均書篆字

明大司趏李宗延珱定　郎官鑣劉應鴻效刊

東東東

東。二弓弟一部　說文二百單七部
　　　　　　王篇百五十六部　釋名東者動
文古用殹改用也。𡘜借此用。泰作
闕也。消便與甀從。窼句同義。　木官溥說　動說
　　　　　　　　　從　五字縱文

從日在木中。會意夾襍形。凡東之正屬皆從東。說凡
誚為　　　　　　　　　　　　得紅切。窼為
　　　　　　　　　　　　　　　　文二
文五百四十部首甡有此七字箸書
侶贄用兌非部諸文字甡畀不刪
誚部甡數一同

40013　說文長箋一百首二卷解題一卷六書長箋七卷　〔明〕趙宧
光撰　明崇禎四年（1631）趙均小宛堂刻本　遼寧省圖書館

所　乃　周　譜　下　記　司　唐
出　知　家　作　迄　上　馬　順
　　姓　由　國　麟　述　遷　之
　　氏　是　語　趾　黃　趾　曰
　　之　人　　　而　帝　採　秦
　　　　　　　　世　　　周　宗
　　　　　　　　紀　　　而　只
　　　　　　　　　　　　作　藏
　　　　　　　　　　　　　　李
　　　　　　　　　　　　　　宗
　　　　　　　　　　　　　　譜
　　　　　　　　　　　　　　不
　　　　　　　　　　　　　　修
　　　　　　　　　　　　　　及
　　　　　　　　　　　　　　漢

史記評林卷之一

五帝本紀第一

裴駰集解曰此是徐氏義稱徐姓名以別之餘者悉是駰註解

介集衆家義〇司馬貞索隱曰紀者記也本其事而記之也

攷曰本紀也又〇正義曰本紀者理也統理衆事繫之年月名之

代紀者稱帝王圖云德合五帝稱帝帝王世家

坐公者依世本均皆同而孔安國尚書序云伏羲神農黃帝為三皇少昊顓頊高辛唐虞舜為五帝

史星公依世本以伏羲神農黃帝為三皇少昊顓頊帝嚳唐堯虞舜為五帝

譙周應劭宋均皆同而譙周云天地初立有天皇地人皇

孫氏周為五帝靈圖以黃帝顓頊帝嚳唐堯虞舜為五帝

唐之紀第一者以五帝之名見於孔子家語及大戴禮其說有數之出故次序之目一者舉也總理衆事繫之年月名之本紀

日柯維驥日五帝非五帝之名定此言數一則孔子家語聖人神農配火黃帝配

二其一駟曰谷季康子以問孔子家語聖人神農配火黃帝取法於五

五土少昊配金顓頊配水帝嚳配木堯舜以禪其代有

帝紀柯維驥曰

帝德曰黃帝厥後顓頊謚作帝王代紀

帝德是也黃帝厥後顓頊謚作帝嚳

帝王代紀蘇子由作古史鄭五

40014　史記評林一百三十卷　（明）凌稚隆輯　明刻本　遼寧省圖書館

三皇本紀第一

古史一

太昊伏犧氏風姓始觀天地之象鳥獸之文近取諸
身遠取諸物以畫八卦教民嫁取儷皮以為禮作結
繩為罔罟以佃以漁象犧牲服牛乘馬故曰伏犧亦
曰包犧氏伏犧以木德王天下故為三皇首河出圖
故為龍師而龍名居於宛丘後世所謂太昊之虛也
伏犧氏既衰而共工氏伯九州自謂水德失五行之
叙其後神農氏興而伏犧之子孫不可復紀至周衰
有任宿須句顓臾皆風姓邑於濟上奉伏犧之祀
炎帝神農氏姜姓以火德繼木為火師而火名故曰

40015 古史六十卷 （宋）蘇轍撰 明萬曆三十九年（1611）南京國子監
刻本 遼寧省圖書館

後漢書卷之一上

光武帝紀第一上

光武帝紀

世祖光武皇帝諱秀字文叔武禮祖有功而宗有德光中葉興故稱世祖古今註曰秀之字曰茂伯仲叔季之次長兄伯升故叔焉

南陽蔡陽人故城在今隨州棗陽縣西南高祖九世之孫也出自景帝生長沙定王發長沙郡今潭州縣也○劉發生春陵節侯州縣

買充春陵鄉名本屬零陵泠道縣在今永州唐興縣北買充帝特徙南陽仍號春陵故城今在隨州棗陽縣

東室事具宗室四王傳買生鬱林太守外鬱林郡今在郴州前書曰郡守秦官秩二千石

謚法能紹前業曰光克定禍亂曰武依爹古今註曰敬日接文言出自景帝生發文意不足蓋此生字當作子字

南史一

唐　李延壽　撰

明　張溥　閱

宋本紀上第一

宋高祖武皇帝諱裕字德輿小字寄奴彭城縣綏
輿里人姓劉氏漢楚元王交之二十一世孫也彭
城楚都故苗喬家焉晉氏東遷劉氏移居晉陵丹
徒之京口里皇祖靖晉東安太守皇考翹字顯宗
郡功曹帝以晉哀帝興寧元年歲在癸亥三月壬
寅夜生神光照室盡明是夕甘露降於墓樹及長

40017　南史八十卷　（唐）李延壽撰　（明）張溥點評　明張溥刻本　遼寧
省圖書館

皇明從信録卷一

東莞　陳　建輯

秀水　沈國元訂

壬辰元至正十二年

高皇帝起兵濠州　帝之先江東句容朱家巷人　皇祖

熙祖始渡淮家泗州　皇考仁祖淳皇帝與　太后陳氏

徙濠之西鄉後遷太平鄉生四子長南昌王次盱貽王次

臨淮王　上季子也先是　陳太后夢一朱衣神餽藥如

丸燁燁有光吞之既覺異香襲鼻旣遂娠焉及旦有光燭天

照耀千里異香經宿不散時元大德元年戊辰九月十八

日也取河水澡浴忽有紅羅浮來遂取衣之故所居名紅

皇明從信録卷一

宋史紀事本末卷之一

明　北海　馮琦　原編

高安　陳邦瞻　纂輯

句吳　徐申　校正

豫章　劉曰梧

秣陵　沈朝陽　繙閱

太祖代周

宋太祖建隆元年周恭帝宗訓元年也先是周顯德六年十一月鎮定二州上言北漢會契丹兵入寇至是年正月辛丑朔遣殿前都點檢檢校太尉歸德節

40019　宋史紀事本末二十八卷　（明）馮琦撰　（明）陳邦瞻補　明萬曆刻本　遼寧省圖書館

重訂路史全本

廬陵 羅泌 輯

雲間 吳培昌 閱

西湖 金堡泰

男 萃 註

仁和 吳弘基

童聖麒 仝訂

蹏仡紀

髙陽

帝顓頊高陽氏。姓姬姓。帝風姓。故唐表章韋氏彭氏皆妊

古史攷以為姤。姓纂則謂顓帝

帝顓頊高陽氏。姓姬姓。帝風姓。名曰顓頊。日。正白。女嫗。感于出房之宮。

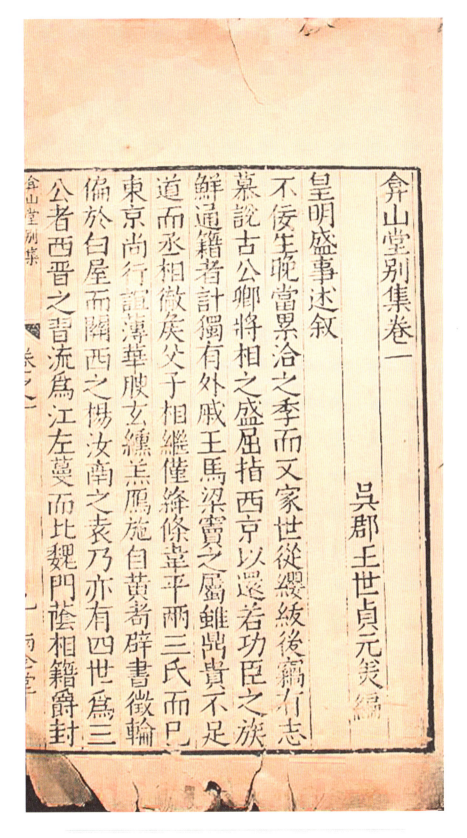

皇明盛事述叙

弇山堂別集卷一　　吳郡王世貞元美編

不侫生晚當累洽之季而又家世從纓綏後竊有志
慕說古公卿將相之盛屈指西京以還若功臣之族
鮮通籍著計獨有外戚王馬梁竇之屬雖閥貴不足
道而丞相微庶父子相繼僅絲條韋平兩三氏而已
東京尚行誼薄華腴玄纁焉鴈施自黃耇辟書徵輪
偏於白屋而闕西之楊汝南之表乃亦有四世爲三
公者西晉之晉流爲江左蔓而比魏門蔭相籍爵封

40021　弇山堂別集一百卷 　（明）王世貞撰　明萬曆十八年（1590）翁
良瑜雨金堂刻本　大連市圖書館

列女傳目録

第一卷

仇英實甫補圖

有虞二妃　　　啟母塗山

棄母姜嫄　　　太王妃太姜

王季妃太任　　文王妃太姒

周宣姜后　　　衛姑定姜

衛宣夫人　　　衛靈夫人

衛宗二順　　　齊孝孟姬

齊靈仲子　　　齊威虞姬

齊鍾離春　　　齊宿瘤女

列女傳目録　　　　　　　二

40022　列女傳十六卷　（漢）劉向撰　（明）汪道昆輯　（明）仇英繪圖

明萬曆汪氏刻清乾隆四十四年（1779）鮑氏知不足齋印本　遼寧省圖書館

40023　列女傳十六卷　（漢）劉向撰　（明）汪道昆輯　（明）仇英繪圖
明萬曆汪氏刻清乾隆四十四年（1779）鮑氏知不足齋印本　魯迅美術學院圖書館

40024　帝鑑圖説不分卷　（明）張居正　呂調陽撰　明刻本　遼寧省圖書館

晏子春秋 卷一

內篇

諫上

莊公奮乎勇力不顧于行義勇力之士無忌于
國貴戚不薦善遍邇不引過故晏子見公公
曰古者亦有徒以勇力立于世者乎晏子對
曰嬰聞之輕㓕以行禮謂之勇誅暴不避彊
謂之力故勇力之立也以行其禮義也湯武

傳稱平仲立
朝君諤及之
即危言觀其
首諫兩公真
危言也

晏子卷一

40025　晏子春秋六卷　明凌澄初刻朱墨套印本　遼寧省圖書館

通鑑總類卷第一

治世門

漢高祖規摹弘遠

初高祖不修文學而性明達好謀能聽自監門戍卒見之如
舊初順民心作三章之約天下既定命蕭何次律令韓信申
軍法張蒼定章程叔孫通制禮儀又與功臣剖符作誓丹書
鐵契金匱石室藏之宗廟雖日不暇給規摹弘遠矣

父老見漢世祖喜稱復見漢官威儀

更始元年冬十月更始將都洛陽以劉秀行司隸校尉使前
整修官府秀乃置僚屬作文移從事司察一如舊章時三輔
吏士東迎更始見諸將過皆冠幘而服婦人衣莫不笑之及

40026　通鑑總類二十卷　（宋）沈樞撰　明萬曆二十三年（1595）孫隆
刻本　遼寧省圖書館

通鑑總類卷第一

治世門

　　漢高祖規摹弘遠

初高祖不修文學而性明達好謀能聽自監門戍卒見之如
舊初順民心作三章之約天下既定命蕭何次律令韓信申
軍法張蒼定章程叔孫通制禮儀又與功臣剖符作誓丹書
鐵契金匱石室藏之宗廟雖日不暇給規摹弘遠矣

　父老見漢世祖喜稱復見漢官威儀

更始元年冬十月更始將都洛陽以劉秀行司隸校尉使前
整修官府秀乃置僚屬作文移從事司察一如舊章時三輔
吏士東迎更始見諸將過皆冠幘而服婦人衣莫不笑之及

40027　通鑑總類二十卷　（宋）沈樞撰　明萬曆二十三年（1595）孫隆
刻本　遼寧省圖書館

史記鈔附卷之一

維契（音薛）作商爰及成湯太甲居桐德盛阿衡武丁得

説乃稱高宗帝辛湛湎諸矦不享作殷本紀第三

太史公曰余以頌次契之事自成湯以來采於書

詩契爲子姓其後分封以國爲姓有殷氏來氏宋

氏空桐氏稚氏北殷氏目夷氏孔子曰殷路車爲

善而色尚白

伊尹與成湯同起伐商本紀所載湯至太戊且
七世矣而尹之子陟乃爲桐宮得年壽懸絶若
此可見史遷所述帝系亦未有不足憑者

太記　卷一　殷　五

40028　**史記鈔九十一卷**　（明）茅坤輯　明泰昌元年（1620）閔氏刻朱墨套印本　遼寧省圖書館

史記鈔卷之一

維昔黃帝法天則地四聖遵序各成法度唐堯遜
位虞舜不台厥美帝功萬世載之作五帝本紀第
一

黃帝者少典之子姓公孫名曰軒轅生而神靈弱
而能言幼而徇齊長而敦敏成而聰明軒轅之時
神農氏世衰諸矦相侵伐暴虐百姓而神農氏弗
能征於是軒轅乃習用干戈以征不享諸矦咸來
賓從而蚩尤最爲暴莫能伐炎帝欲侵陵諸矦諸

本紀 卷一 五帝 一

世遠頗無事實
但本諸子緯以
意彷彿寫未然
雅潤近經亦有
簡法 文潔

40029　史記鈔九十一卷 　（明）茅坤輯　明泰昌元年（1620）閔氏刻朱
墨套印本　遼寧省圖書館

廣輿記卷之一　　　　　明雲間陸應陽伯生輯

北京

古幽薊之地左環滄海右擁太行北枕居庸南
襟河濟形勝甲天下即遼金元舊都也我
成祖文皇帝嘗龍潛於此及纘承大統遂建爲北
京

城池京城曰永樂七年拓元故城周四十里九門南
　　　正陽南之左曰崇文右曰宣武北之
　　　東曰安定西曰得勝東之北直南曰東直
　　　南曰朝陽西之北直南曰阜城

山陵長陵山永樂天壽　獻陵洪熙長陵之右景陵宣德長陵之左裕

海鹽縣圖經卷之一

方域篇第一之一

一之縣圖

凡土訓莫辨於圖土屢析尤非圖弗辨鹽故疆前湖

汜後淞浦至寥廓矣五析之以有茲土曰勤墙洳用

啟我支社而本建之域聚闕之盛仍無改初封為東

南縣望諸城冠登非泰帝舊山作鎮不拔海王大國

眾坎習輸美哉德險在我故足求標形要雄視區寓

者乎爰因代次各繪其境之圖而系之說俾開卷者

首曙合分之綮焉

海鹽縣圖經卷一

一一

40031 [天啓] 海鹽縣圖經十六卷 （明）樊維城 （明）胡震亨等纂

修 明天啓刻本 遼寧省圖書館

岱史第一卷圖考

叙曰蜀云乎圖考也考泰山之形勝而繪之為圖也

夫鴻濛始判為物者萬而惟流峙最大為峙者萬而

惟嶽最大為嶽者五均之巍巍峻極而惟岱最大近

則橫亘齊魯跨引江淮遠則雄峙九絃霖雨四海豈

非華夷之巨觀古今之崇鎮乎顧欲以方寸圖不黙

挈全勝抑何難也黙自古考方辨域必取諸圖不黙

則周覽不能窮其勝載籍不能紀其詳即有高雅之

士興起卧游之想蜀從而觀焉是用擾古證今圖諸

40032　岱史十八卷　〔明〕查志隆撰　〔清〕張縉彥删補　明萬曆十五年（1587）戴相堯刻清順治、康熙增修本　遼寧省圖書館

水經注箋卷第一　錢大昕　戴震參校上

漢　桑　欽　撰

明　李長庚　訂　　後魏酈道元

朱謀㙔箋

孫汝澄　　李克家仝校

河水一

崑崙墟在西北

三成為崑崙丘崑崙說曰崑崙之山三級下曰樊

桐一名板松二曰玄圃一名閬風上曰增城一名

天庭是謂太帝之居廣雅云崑崙虛有三山閬風板桐玄圃准南子云崑崙縣圃維凉風樊桐在崑崙閶闔之中山上有層城九重楚辭云崑崙縣圃其尻安在增城九重其高幾里崧康

水經注箋卷一

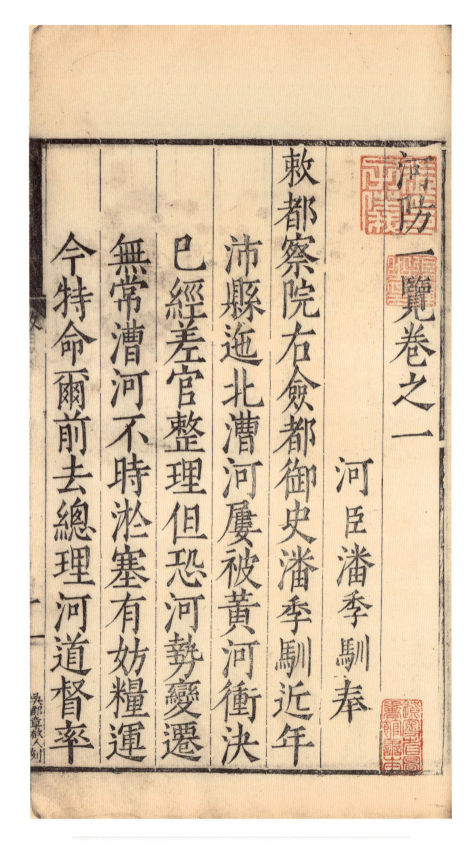

河防一覽卷之一

河臣潘季馴奉

敕都察院右僉都御史潘季馴近年

沛縣迤北漕河屢被黃河衝決

巳經差官整理但恐河勢變遷

無常漕河不時淤塞有妨糧運

今特命爾前去總理河道督率

吳郡章敬人刻

40034　河防一覽十四卷　（明）潘季馴撰　明萬曆十八年（1590）刻本

遼寧省圖書館

折徵籽粒本末卷一

范陽鹿善繼伯順父輯

定興縣鄉官鹿善繼等謹揭爲籽粒法窮民生困極

懇恩比例折徵以存子遺事切照本縣庄田籽粒地

十塲一　乾清宮一　慈寧宮一　雍靖王妃一壽陽

公主一　瑞安公主一延慶公主一恭順侯吳汝胤一

駙馬許從誠一錦衣衛千戶陳尚忠一五軍營以上

各項共銀二千八百三十七兩三錢有零而地極窪

鹼久稱灌莽之區　國初以來原不起科正德之季

子立未　卷一　一

40035　折徵籽粒本末四卷附馬房裁革本末一卷　〔明〕鹿善繼撰

明崇禎刻本　遼寧省圖書館

通典卷第一

唐京兆杜佑君卿

佑少嘗讀書而性且蒙固不達術數之藝不好章句之學所
纂通典實采羣言徵諸人事將施有政夫理道之先在乎行
教化教化之本在乎足衣食易稱聚人曰財洪範八政一曰
食二曰貨管子曰倉廩實知禮節衣食足知榮辱夫子曰既
富而教斯之謂也夫行教化在乎設職官設職官在乎審官
才審官才在乎精選舉制禮以端其俗立樂以和其心此先
哲王致治之大方也故職官設然後興禮樂焉教化隳然後
用刑罰焉列州郡俾分領焉置邊防遏戎狄焉是以食貨為

40036　通典二百卷　〔唐〕杜佑撰　明刻本　遼寧省圖書館　稻葉岩吉題識

泊如齋重修宣和博古圖錄卷第一

鼎鼎揔說

鼎一　二十六器

商

父乙鼎　銘二十字

瞿父鼎　銘二字

子鼎　銘一字

庚鼎　銘一字

40037　泊如齋重修宣和博古圖錄三十卷　〔宋〕王黼等撰　明萬曆十

六年（1588）泊如齋刻本　遼寧省圖書館

石墨鐫華卷之

鑒厓趙崡子函著

跋三十六首

夏禹衡岳碑二種

禹碑七十七字在衡岳雲密峰楊用脩得之張

僉憲云宋嘉定中何致子一遊南岳脱其文刻

于岳麓書院用脩又刻于滇中安寧州近世楊

時喬又刻于棲霞山天開巖余所收二本其一

40038　石墨鐫華八卷　（明）趙崡撰　明萬曆四十六年（1618）趙氏刻

本　遼寧省圖書館

孔氏家語卷一

相魯第一

王肅注

孔子初仕為中都宰 中都魯邑 制為養生送死之

節長幼異食 如禮年十五異食也 強弱異任 任謂力作之事各從所任

男女別塗路無拾遺器不彫偽 不用弱也 雕畫無文飾不詐偽

為四寸之棺五寸之槨 以木為槨 因丘陵為墳不

封 不聚土以起墳者也 不樹 不樹松栢 行之一年而西方之諸

侯則焉 魯國在東故西方諸侯皆法則 定公謂孔子曰學子此

法以治魯國何如孔子對曰雖天下可乎何

40039　孔子家語十卷　（三國魏）王肅注　明崇禎毛氏汲古閣刻本　遼寧
大學圖書館

大學衍義卷第一

帝王為治之序

堯典虞書篇名者常也曰若稽古帝堯曰若發語辭曰字與粵越通用稽考也言

考古之帝堯其事云云也

曰放勳放至也亦廣大之意如欽明文

思安安思去聲欽敬也允信也

克恭克讓克能也光被四表格于上

下格至也四外也表四外也上天下地也

克明俊德以親九族明明之俊大也

九族既睦平章百姓高祖至玄孫之親也輯和也昭明也

百姓昭明協和萬邦黎民於變時雍昭

臣按此章紀堯之功德與其為治之次序也自

40040　大學衍義四十三卷　（宋）真德秀撰　明萬曆四年（1576）吳情

刻本　遼寧省圖書館

大學衍義補卷之一

明　　　閣臣前國子監祭酒丘　　濬　進呈

　　　　　經筵日講官左諭德陳仁錫　評閲

治國平天下之要

正朝廷

　總論朝廷之政

臣按宋儒眞德秀大學衍義格物致知之
要。旣有所謂審治體者矣。而此治國平天
下之要。又有正朝廷而總論朝廷之政何
也。蓋前之所審者治平之體言其理也。此

40041　大學衍義補一百六十卷首一卷　　〔明〕丘濬撰　〔明〕陳仁錫
評　明崇禎陳仁錫刻本　遼寧省圖書館

大學衍義補卷之一

明

　　閣臣前國子監祭酒丘

　　　經筵日講官左諭德陳　仁錫　評閱

　　　　　　　　　　　　　　　　　　濬進呈

治國平天下之要

　正朝廷

　　總論朝廷之政

臣按宋儒真德秀大學衍義格物致知之
要既有所謂審治體者矣而此治國平天
下之要又有正朝廷而總論朝廷之政何
也蓋前之所審者治平之體言其理也此

大學衍義補　　卷之一　總論朝廷之政　　二

大學衍義補卷之一

　明　　閣臣前國子監祭酒丘　　濬進呈

　　　　經筵日講官左諭德陳仁錫　評閱

治國平天下之要

正朝廷

　總論朝廷之政

臣按宋儒眞德秀大學衍義格物致知之

要既有所謂審治體者矣而此治國平天

下之要又有正朝廷而總論朝廷之政何

也蓋前之所審者治平之體言其理也此

大學衍義補　卷之一　總論朝廷之政　　二

40043　大學衍義補一百六十卷首一卷　　（明）丘濬撰　（明）陳仁錫

評　明崇禎陳仁錫刻本　遼寧省圖書館

大學衍義補卷之一

明

閣臣前國子監祭酒丘　濬進呈

經筵日講官左諭德陳仁錫　評閱

治國平天下之要

正朝廷

總論朝廷之政

臣按宋儒真德秀大學衍義格物致知之

要既有所謂審治體者矣而此治國平天

下之要又有正朝廷。而總論朝廷之政何

也益前之所審者治平之體言其理也此

大學衍義補〈卷之一　總論朝廷之政〉　二

40044　大學衍義補一百六十卷首一卷　（明）丘濬撰　（明）陳仁錫

評　明萬曆三十三年（1605）刻本　大連市圖書館

大學衍義補卷之一

大學衍義補　卷之一　總論朝廷之政

明

　　閣臣前國子監祭酒上

　　　經筵日講官左諭德陳仁錫評閱

　　　　　　　　　　濬進呈

治國平天下之要

正朝廷

總論朝廷之政

臣按宋儒眞德秀大學衍義格物致知之

要既有所謂審治體者矣而此治國平天

下之要又有正朝廷而總論朝廷之政何

也蓋前之所審者治平之體言其理也此

40045　大學衍義補一百六十卷首一卷　（明）丘濬撰　（明）陳仁錫

評　明萬曆三十三年（1605）刻本　大連市圖書館

齊民要書引

温先生稿

孔子曰道之以德齊之以禮有恥且格有味乎其

言之也德吾何有有先王之禮在學士家日誦説

宜興趄者衆窮鄉委巷黄童野叟以經曲禮道之

難矣故遵

聖諭衍通俗歌附以諸賢闌風化詩文倂世傳八行

男温予知孫樹瓊恭輯

日知樞琴

自知

樹珍

40046　温先生稿不分卷　（明）温純撰　（明）温日知等輯　明萬曆十三

年（1585）刻本　遼寧省圖書館

武經總要前集卷之一

豫章新齋　李鼎長卿訂
金陵對溪　唐富春校

選將第一

傳曰有必勝之將無必勝之民又曰君不擇將以其
國與敵也由是言之可不謹諸古者國家雖安必常
擇將擇將之道惟審其才之可用也不以遠而遺不
以賤而棄不以詐而疎不以罪而廢故管仲射鉤齊
威公任之以霸孟明三敗秦繆公赦之以勝檇苴援
於寒微吳起用於羈旅張儀之遊蕩樂毅之疎賤孫
武之无合白起之世舊韓信之懦怯黥布之徒隸衛

武經總要……卷之一

40047　武經總要前集二十二卷後集二十一卷　（宋）曾公亮等撰
行軍須知二卷百戰奇法二卷　明金陵書林唐富春刻本　遼寧省圖書館

管子卷第一

唐司空房 玄齡 註

牧民第一

形勢第二

權修第三

立政第四

乘馬第五

牧民第一十經

四維 四順

六親 五法

經言一

管註必非房公多筆迂卻味誇想亦高誇所撰讀管子者但當熱玩本文大豪脫字錯之至簡可不求甚解

凡有地牧民者務在四時〔四時所以生成萬物也〕守在倉廩〔舉藏盡也言〕國多財則遠者來。地辟舉則民留處〔留處也言〕倉廩實則知禮節。衣食足則知榮〔留則人〕地盡關則人〔而安居處也〕

管子

卷一

此文跌宕宏類
蘇泰然兼法
句法起結照
應徜邁紀律
趙定宇曰此
篇與國策兩
載大略相同
是泰文之極
佳者
汪南溟曰此
書為初見泰
其策全在破
從一看中間
反覆歸咎謀

韓子卷一

初見泰

孫月峯曰大約規模范唯但范肖此破繁范虛此實施籌耳

臣聞不知而言不智。知而不言不忠為人臣不忠當
死言而不當亦當死雖然臣願悉言所聞唯大王裁
其罪臣聞天下陰燕陽魏連荊固齊收韓而成從將
西面以與強秦為難臣竊笑之世有三亡而天下得
之其此之謂乎臣聞之曰以亂攻治者亡以邪攻正
者亡以逆攻順者亡今天下之府庫不盈囷倉空虛
悉其士民張軍數十百萬白刃在前斧鑕在後而却

韓子卷一

一

40049　韓子迂評二十卷　題（明）門無子評　明刻朱墨套印本　遼寧省圖書館

醫方考卷之一

　　　　歙邑　吳崑　著

　　　　友人　黃基　閱

中風門第一

叙曰風者百病之長得行天之象故其發也暴然。

上世論風主于外感乃河間主火東垣主氣丹溪

主濕而末世之論紛然矣今考名方二十三首爲

風爲火爲氣爲濕者時出而主之初不泥於一說

也。

烏梅擦牙關方

丹溪心法附餘卷首

本草衍義補遺凡一百五十三種

金集

休寧束山古庵方廣約之輯

甲集

石鍾乳為慓悍之劑經曰石鍾乳之氣悍仁哉言也天生斯

民不厭藥則氣之偏可用於暫而不可久夫石藥又偏之

意者也自唐時太平日久膏粱之家惑於方士服食致長

生之說以石藥體厚氣厚習以成俗迨至宋及今猶未巳

也斯民何幸受此氣悍之禍而莫知能救哉哉本草讚服

有延年之功而栁子厚文從而述美之余不得不深言也

⊙唐本註云不可輕服多發癤渴淋

硝屬陽金而有水與火土善消化驅逐而經言無毒化七十

丹溪心法去付餘

醫巫閭門首卷

乙

40051　丹溪心法附餘二十四卷首一卷　（明）方廣輯　明四知館楊君

臨刻本　遼寧省圖書館

二如亭群芳譜天部卷之一

濟南　王象晉蓋臣甫　纂輯

松江　陳繼儒仲醇甫

虞山　毛鳳苞子晉甫　仝較

寧波　姚元白子靄甫

濟南　男王與鄴

孫士和曾孫啟泓　詮次

天譜一

天積陽之精群物之祖也周環無端其形渾然

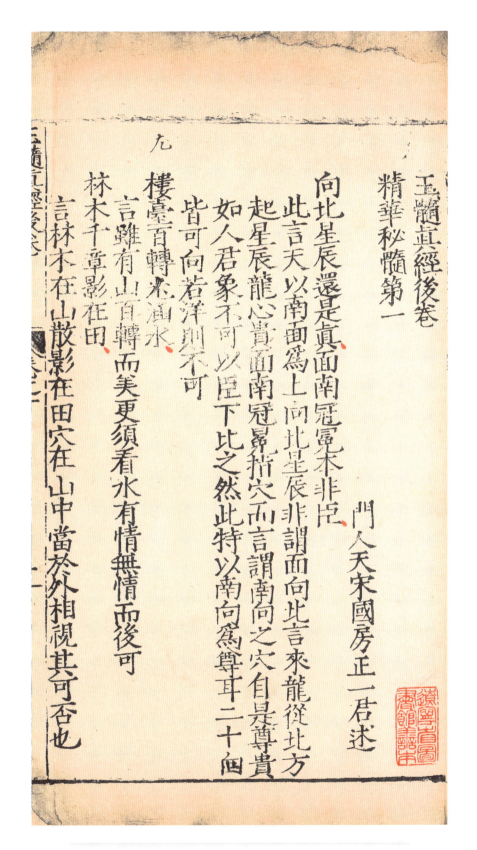

玉髓真經後卷

精華秘髓第一

門人天宋國房正一君述

向北星辰還是真面南冠冕本非臣

此言天以南面為上向北星辰非謂而向北言來龍從北方

起星辰龍心貴面南冠冕折穴而言謂南向之穴自是尊貴

如人君象不可以匿下比之然此特以南向為尊耳二十個

皆可向若洋州不可

樓臺百轉水涵水

言雖有山百轉而美更須看水有情無情而後可

林木千章影在田

言林木在山散影在田穴在山中當於外相視其可否也

九

40053 玉髓真經後卷二十一卷 〔宋〕張洞玄撰 〔宋〕蘇居簡等述

明嘉靖二十九年（1550）福州府刻本 遼寧省圖書館

陽宅真訣

歷城周繼著

新安吳勉學校補

八正門

坎離震兌圖為四正門然坐乾開巽門坐巽開
乾門坐艮開坤門坐坤開艮門亦為四正門其
貫井之訣俱自坐宮用遊年順數至門是何星
如金星第一層就是金二層水是也經云門在
四正則翻坐上星以此

40054　陽宅真訣三卷　（明）周繼撰　明萬曆三十年（1602）刻本　錦州
市圖書館

八宅四書

西陵一壑居士集

新安師古吳氏刊

八宮掌訣 離 坤兌乾 巽震艮

乾六武 兌七破 艮八左 離九武
右武 左破 破離九 右

九宮掌訣 中五

巽四文 震三祿 坤二文 坎一廉
巨震三 巨坤二 貪
文坎一廉

八宅四書

40055　八宅四書四卷　（明）一壑居士集　明萬曆二十九年（1601）刻本
錦州市圖書館

淮南所著其
言不盡録一
人即此篇熟
括道術事情
景為龐雜紙
梗概大都襄
老莊道之歡
御則性命道
之得手慮則
無為其文懶
焉如錦

淮南鴻烈解卷一

原道訓

夫道者覆天載地廓四方柝八極高不可際深不可
測包裹天地稟授無形源流泉浡沖而徐盈混混汩
汩濁而徐清故植之而塞於天地横之而彌於四海
施之無窮而無所朝夕舒之慎於六合卷之不盈於
一握約而能張幽而能明弱而能強柔而能剛橫四
維而含陰陽紘宇宙而章三光甚淖而渭甚纖而微
山以之高淵以之深獸以之走鳥以之飛日月以之

淮南卷一

一

40056　淮南鴻烈解二十一卷　〔漢〕劉安撰　〔明〕茅坤等評　明刻朱
墨套印本　遼寧省圖書館

淮南所著其
言不盡錄一
人即此篇焉
括道術事情
景為麗雜然
梗概太都襄
老莊道之骰
御則性命道
之得手膓則
無為其文爛
馮如錦

淮南鴻烈解卷一

原道訓

夫道者覆天載地廓四方柝八極高不可際深不可
測包裹天地稟授無形源流泉浡沖而徐盈混混汩
汩濁而徐清故植之而塞於天地橫之而彌於四海
施之無窮而無所朝夕舒之幎於六合卷之不盈於
一握約而能張幽而能明弱而能強柔而能剛橫四
維而舍陰陽紘宇宙而章三光甚淖而滒甚纖而微
山以之高淵以之深獸以之走鳥以之飛日月以之

淮南卷一

一

40057　淮南鴻烈解二十一卷　（漢）劉安撰　（明）茅坤等評　明刻朱墨套印本　遼寧省圖書館

淮南所著其
言不盡纚一
人即此篇熟
括道術事情
景為龐雜然
梗概大都襲
老莊道之窠
卻則性命道
之得手屬則
無為其文懶
焉如錦

淮南鴻烈解卷一

原道訓

夫道者覆天載地廓四方柝八極高不可際深不可
測包裹天地稟授無形源流泉浡沖而徐盈混混汩
汩濁而徐清故植之而塞於天地橫之而彌於四海
施之無窮而無所朝夕舒之幠於六合卷之不盈於
一握約而能張幽而能明弱而能強柔而能剛橫四
維而含陰陽紘宇宙而章三光甚淖而滃甚纖而微
山以之高淵以之深獸以之走鳥以之飛日月以之

淮南卷一

一

40058　淮南鴻烈解二十一卷　〔漢〕劉安撰　〔明〕茅坤等評　明刻朱
墨套印本　遼寧省圖書館

淮南所著其
言不盡錄一
人即此篇無
括道術事情
景為龐雜然
梗概大都襲
老莊道之寡
御則性命道
之得手廬則
無為其文
焉如錦

淮南鴻烈解卷一

原道訓

夫道者覆天載地廓四方柝八極高不可際深不可
測包裹天地稟授無形源流泉浡沖而徐盈混混汨
汨濁而徐清故植之而塞於天地橫之而彌於四海
施之無窮而無所朝夕舒之幎於六合卷之不盈於
一握約而能張幽而能明弱而能強柔而能剛橫四
維而含陰陽絃宇宙而章三光甚淖而澗甚纖而微
山以之高淵以之深獸以之走鳥以之飛日月以之

淮南卷一

一

40059　淮南鴻烈解二十一卷　（漢）劉安撰　（明）茅坤等評　明刻朱墨套印本　遼寧省圖書館

淮南鴻烈解卷第一

漢河東高誘注　歸安鹿門茅坤批評

原道訓　原本也本道根眞包嚢天地以題篇　託八極也拆開八極八方　歷萬物故曰原道因以題篇　張也拆開八方

夫道者覆天載地廓四方柝八極也。高不可際深不可測。際至包裹天地稟授無形。

原流泉浡。沖而徐盈混混。滑滑濁而徐清。流不止能漸盈滿以喻於道亦

故植之而塞于天地横之而彌于四海施之無窮而無所朝夕。

淮南所著其言不盡絲一括道術事情極之高物之末形者皆生於　浡涌也沖虚也源泉始出虚徐　槇槩大都襲道故曰稟授無形也　老莊道之竅郤則性命則　之得手處慶則無爲其文爛也如繡

然故植立塞滿彌絡施用也用之無窮竭無所朝夕盛衰

窮而無所朝夕。植立塞滿彌絡施用也用之無窮竭無所朝夕盛衰

長洲章甫寫鄴郡茅刻

40060　淮南鴻烈解二十一卷　（漢）劉安撰　（明）茅坤等評　明刻本

遼寧省圖書館

水東日記卷一

崑山葉　盛著

六世孫　重華較梓

冬至正旦節早禮部鴻臚寺及科道導駕等

官最先入　左掖門至　中左門立候天將明

趨進　華蓋殿前穿廊禮部尚書祭祀復

命行禮訖導　駕陞　奉天殿受　朝賀記毘

陵胡公　奏尚書（尚音爲上）其末云行禮畢請

上位看馬兩言大聲直說不類　奏事也

40061　水東日記四十卷　〔明〕葉盛撰　明末葉重華賜書樓刻清康熙十九年〔1680〕葉方蔚重修本　大連市圖書館

世說新語卷一

宋　劉義慶撰

梁　劉峻注

明　張懋辰訂

德行

陳仲舉言爲士則行爲世範登車攬轡有澄清天下之志爲豫章太守至便問徐孺子所在欲先看之主簿白羣情欲府君先入廨陳曰武王式商容之閭席不暇煖吾之禮賢有何不可

世說新語　卷一　一

40062　世說新語八卷　〔南朝宋〕劉義慶撰　〔南朝梁〕劉孝標注　〔明〕張懋辰訂　世說新語補四卷　〔明〕何良俊增補　〔明〕王世貞删　明萬曆刻本　遼寧省圖書館

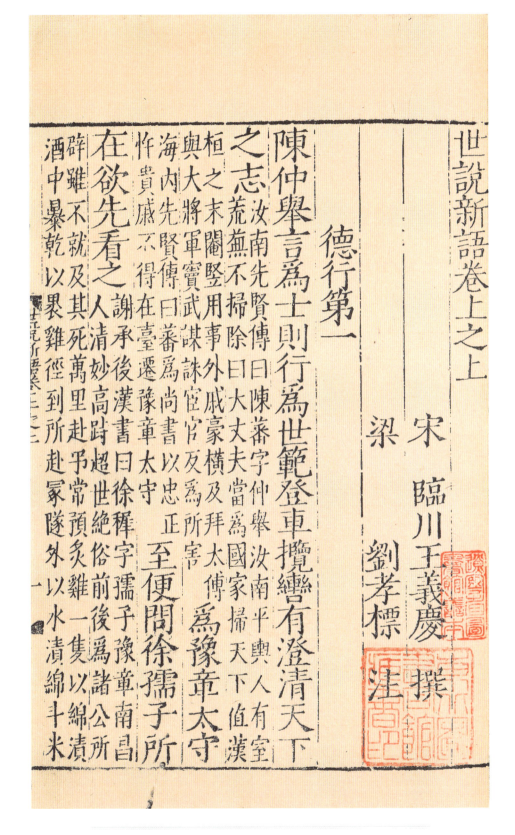

40063　世說新語三卷　（南朝宋）劉義慶撰　（南朝梁）劉孝標注　明萬曆三十七年（1609）周氏博古堂刻本　遼寧省圖書館

世說新語補卷第一

德行上

宋　劉義慶　撰

梁　劉孝標　注

宋　劉辰翁　批

明　何良俊　增

　　王世貞　刪定

　　王世懋　批釋

　　張文柱　校注

40064　世說新語補二十卷　（南朝宋）劉義慶撰　（南朝梁）劉孝標

注　（明）何良俊增補　（明）王世貞刪定　（明）王世懋批釋　（明）張文柱

校注　**附釋名一卷**　明萬曆十三年（1585）張文柱刻本　遼寧省圖書館

李卓吾批點世說新語補卷之一

宋　劉義慶　撰

梁　劉孝標　注

宋　劉辰翁　批

明　何良俊　增

明　王世貞　刪定

明　王世懋　批釋

明　李贄　批點

明　張文柱　校注

批點世說補卷之一

40065　李卓吾批點世說新語補二十卷　（南朝宋）劉義慶撰　（南朝梁）
劉孝標注　（明）何良俊增補　（明）王世貞刪定　（明）王世懋批釋　（明）
李贄批點　（明）張文柱校注　明刻本　遼寧省圖書館

世說新語補卷之一　鼓吹一

德行

　　　　　　　　　　明

何良俊　撰補

王世貞　刪定

張文柱　校註

凌濛初　考訂

閔仲叔含菽飲水世稱節士老病家貧不能得肉日
買豬肝一片屠者或不肯與安邑令聞之敕吏常
給焉仲叔怪問其故歎曰閔仲叔豈以口腹累安

新增格古要論卷之一

雲間曹昭　明仲著

雲間舒敏　志學編校

吉水王佐　功載校增

新都黃正位　黃叔重校

古琴論

斷紋琴

古琴以斷紋爲證不歷數百年其紋不斷然斷紋有

數等類　有蛇腹斷其紋橫截琴面相去或寸許或

寸半一作十半　有細紋斷如髮千百條　或有背面皆

格古要論　卷之一

吳應芝藏

40067　新增格古要論十三卷　（明）曹昭撰　（明）王佐增補　明黃正
位刻清淑舘堂重修本　遼寧省圖書館

新增格古要論卷之一

古琴論

雲間曹昭　明仲著

雲間舒敏　志學編校

吉水王佐　功載校增

新都黄正位　黄叔重校

古琴論

　斷紋琴

古琴以斷紋爲證不歷數百年其紋不斷然斷紋有

數等類　有蛇腹斷其紋橫截琴面相去或寸許或

寸半半一作　有細紋斷如髮千百條　或有背面皆

新鐫玉茗堂批選王弇州先生豔異編卷之

星部

○郭翰

太原郭翰少簡貴有清標姿度美秀善談論工艸隸早孤

獨處當盛暑乘月臥庭中時時有微風稍聞香氣漸濃翰

甚怪之仰視空中見有人冉冉而下直至翰前乃一少女

也明豔絕代光彩溢目衣玄綃之衣曳霜之帔戴翠翹

鳳凰之冠躡瓊文九章之履侍女二人皆有殊色感蕩心

神翰整衣巾下榻拜謁曰不意尊靈廻降願垂德音女徐

咲曰吾天上織女也父無主對而嘉期阻曠幽懟盈懷上

藝文類聚卷第一

唐太子率更令弘文館學士歐陽詢撰

天部上　天　日　月　星　雲　風

天

周易曰大哉乾元萬物資始乃統天雲行雨施品物流形大明終始六位
時成時乘六龍以御天乾道變化各正性命　又曰立天之道曰陰與陽
又曰天行健　尚書曰乃命羲和欽若昊天　又曰皇天震怒命我文考
肅將天威　禮記曰天地之道博也厚也高也明也悠也久也日月星辰
繫焉萬物覆焉　論語曰天何言哉四時行焉百物生焉　老子曰天得
以清　春秋繁露曰天有十端天地陰陽水土金木火人凡十端而
喜怒之氣哀樂之心與人相副以類合之天人一也　春秋元命苞曰天不足西
也春為蒼天夏為昊天秋為旻天冬為上天　爾雅曰穹蒼蒼天
比陽極於九故天周九九八十一萬里　渾天儀曰天如雞子天大地小
天表裏有水地各乘氣而立載水而浮天轉如車轂之運　黃帝素問曰

40070　藝文類聚一百卷　（唐）歐陽詢撰　明嘉靖二十八年（1549）平陽張松刻本　遼寧省圖書館

唐宋白孔六帖卷第一

天一　　　　　地二

日三　　　　　月四

星五　　　　　明天文六

晨夜七　　　　律曆八

天一

白 高明柔克 高明天也柔克寒暑不干 陰隲下人 言天默定

天尊地卑 聖人 天行健 資始 上浮為天

凶聖人 天行健 資始 萬物資始

天尊地卑 成象 成象在天 觀天之道 而四時不忒 天垂象吉見

則之 天氣 高遠 窮高極遠 貞觀之道 無私不息者天清

下降 下降天氣 高遠 窮高極遠 貞觀之道 無私不息者天清

40071　唐宋白孔六帖一百卷　〔唐〕白居易編　〔宋〕孔傳輯　明刻本（抄補目録十頁，卷七二十九頁）　遼寧省圖書館

新增說文韻府羣玉卷之一

晚學　陰勁弦　編輯

新吳　陰中夫復春　編註

秣陵　王元貞孟起　校正

平聲

一東　獨用

東　動也。從日在木中。《漢志》曰：方陽氣動，日昇於上，日在木中曰東，在木上曰杲，在木下曰杳。《記》大明生於東，月生於西。《莊子》順流而東，行則歸於海。《爾雅》東風謂之谷風。○斗柄指東。

德弘切。說文動也。從日在木中。鄭氏曰一曰軍攻旁也。《記》諸馬融曰吾玄事蹄躝而歸。本傳至本活易名科○斗柄覽丁東寬學歸順流何易日行同東。○

在山下之曰隩言祖一曰春方木盛也。木若木也。

亦曰凌寒而生枯草名五月枯本遵冬至本活。其東日丁東〔詩〕絲琪琴東或自謂也活東小東其空大章〔言〕大將款小軸東蟲。

皆日凌寒而生。〔記〕王蒙闕門東〔記〕其或自謂關門東叫怒謂流啼飯厨。

本國取於關東西私事不自門〔記〕公或王蒙關門東〔趙〕

乃東丁東〔詩〕絲琪琴東或道東〔漢〕鄭曰吾玄事馬融融蹄而歸。

40072　新增說文韻府羣玉二十卷　（元）陰時夫輯　（元）陰中夫注

（明）王元貞校正　明萬曆十八年（1590）王元貞刻本　遼寧省圖書館

新刊唐荆川先生稗編卷之一

門生毘陵左丞考校

六經總論

史記儒林傳序

司馬遷

太史公曰余讀功令至於廣厲學官之路未嘗不廢

書而嘆也曰嗟乎夫周室襄而關雎作幽厲微而禮

樂壞諸侯恣行政由強國故孔子閔王路廢而邪道

興於是論次詩書修起禮樂適齊聞韶三月不知肉

味自衛返魯然後樂正雅頌各得其所世以混濁莫

能用是以仲尼干七十餘君無所遇曰苟有用我者

40073　新刊唐荆川先生稗編一百二十卷目録三卷　（明）唐順之輯

明萬曆九年（1581）茅一相文霞閣刻本　遼寧省圖書館

山堂肆考天　頁第一卷

明　古楊

秫陵　張幼學　儀伯父　雲舉父　彭大翼　纂著

同郡　凌　儒　海樓父　弱矦父　編輯

四明　馮　任　重夫父

同郡　成友謙　石生父

弟　大翱　雲建父

外孫　張映漢　矦赤父　重較

○天

河圖括地象。易有大極是盈兩儀兩儀未分其氣

一百九十五

40074　山堂肆考宮集四十八卷商集四十八卷角集四十八卷徵集
四十八卷羽集四十八卷補遺十二卷　（明）彭大翼撰　明萬曆二十三年
（1595）刻四十七年（1619）張幼學重修本　遼寧省圖書館

唐類函卷一

明東吳俞安期彙纂

明同郡徐顯卿校訂

天部一　　　天　日　月

○天一　藝文六
　　　　類聚

釋名曰天坦也坦然高而遠也

氣升而爲天　　廣雅曰太初氣之始也清濁未分太

始形之始也清者爲精濁者爲形太素質之始也已

有素朴而未散也二氣相接剖判分離輕清者爲天

周易曰大哉乾元萬物資始乃統天雲行雨施品

物理論曰水主之

40075　唐類函二百卷目録一卷　（明）俞安期輯　明萬曆三十一年（1603）

刻四十六年（1618）重修本　遼寧省圖書館

大佛頂如來密因修證了義諸菩薩萬行首楞
嚴經卷第一

〔疏〕經有五名題中存三而畧其二謂大方廣
等是諸部通稱今名取別故題從簡言大佛
頂者表之以大法使不逃於小徑而默得平〔溫陵曰〕
覺王示體之喻之〔疏〕如佛頂者按經云本如來藏
無外無上之致若諸法因此義也以未顯菩提
極乎妙真如性即本覺因心諸佛因此而今言
妙即指如泉生本密因心趣名果如來故如來名曰
因即名爲了受稱從果因則名菩薩萬
所以密因證果顯了有性有修從因
通因通證果果則曰如來梵語首楞
以果通因因果則曰如來梵語首楞
嚴涅槃翻一行

株宏曰大者法也
佛頂者頂于人爲
至尊無上而佛頂
則尤爲至尊無上
者也法心竆三
際也則如來同地
菩薩行門盡于此

實
戒環曰眾生如來
隱于歲心非竆因
不顯眾生菩薩淪
于七趣非萬行不
修故指如來密
世諸佛皆依此爲
初悟竆竟法知一
使悟竆竟法知三
切聖人皆依此而
記果乃至其足善

楞嚴經卷一

林泉老人評唱丹霞淳禪師頌古虛堂習聽錄二

參學比丘

慧泉　編

示眾云有修有進索論高低無證無爲那消升降只

如行不出户坐不當堂者甚處安排則是

舉青原思禪師問六祖大師當何所務即得不落

階級　祖云汝曾作什麼来

亦不寫　祖云落何階級　思云聖諦尚不

爲落何階級　祖云如是如是　思云聖諦

持吾當有偈　心地含諸種　普雨悉皆

萌　菩提果自成

師云建化門中不無評品實際理地寧有階差自始

40077　林泉老人評唱丹霞淳禪師頌古虛堂習聽錄三卷　〔元〕釋

慧泉編　明萬曆十八年（1590）刻本　遼寧省圖書館

香嚴古溪和尚語録卷之一

高座禪寺前住弟子明炬編集

陞堂示衆

上元日坐禪解制上堂祝　香

山河鍾秀日月儲精　釋六銖而價重連城然一辧而

雲騰上界望朝

金闕藝向寶爐端為祝延

今上皇帝聖躬萬歲萬歲萬萬歲欽䬃

位登九五國統三千萬民歌

堯舜之風八極尊

二百五十

40078　香嚴古溪和尚語録十二卷續編三卷　〔明〕釋古溪撰　〔明〕

釋明炬等輯　明萬曆三十四年（1606）白邠刻本　遼寧省圖書館

始終由于淨圓
故以佛國寇于
篇首

如是信順彝也
信則理順理順
則道成經無盡
約非信不傳故
建言如是
曰戒閡則不執
于藏而靜親無
由生矣
修行工夫大約

維摩詰所說經卷一

姚秦三藏法師鳩摩羅什譯

佛國品

如是我聞一時佛在毗耶離菴羅樹園與大比
丘衆八千人俱菩薩三萬二千衆所知識大智
本行皆悉成就諸佛威神之所建立爲護法城
受持正法能師子吼名聞十方衆人不請友而
安之紹隆三寶能使不絕降伏魔怨制諸外道

維摩詰經卷一　　　一

40079　維摩詰所說經十四卷　（後秦）釋鳩摩羅什譯　釋加如來成
道記一卷　（唐）王勃撰　明凌濛初刻朱墨套印本　遼寧省圖書館

道德真經傳卷之一

吳郡　陸　希　聲　傳

經道可道非常道名可名非常名无名天地
之始有名萬物之母故常无欲以觀其妙常
有欲以觀其徼此兩者同出而異名同謂之

玄之又玄衆妙之門

傳夫道者體也名者用也夫用因體生而
體本无用名因道立而道本无名體本无
用則用无不可故曰可道所可道者以體
當用耳以體當用是物之理非道之常故

40080　道德真經傳四卷　（唐）陸希聲撰　明正統十年（1445）刻本

遼寧省圖書館

南華經卷一

內篇

逍遙遊第一

北冥有魚其名為鯤鯤之大不知其幾千里也

化而為鳥其名為鵬鵬之背不知其幾千里也怒

普子玄部郭象註

宋林庽齋口義

輯諸名家評釋

明王鳳洲評點

附陳明卿鄉擬註

劉須溪點校

一夫小大雖殊而放於自得之

場則物任其性事稱其能各

當其分逍遙一也豈容勝負於其間哉

鵬鯤之實吾所未詳也夫逍遙遊

莊予之大意在乎逍遙遊夫

放無為而自得故極小大之致以明性分之適

達觀之士宜要其會歸而遺其所寄不足事事

曲與生說自不害之

立人見小的有其弘旨皆可畧之

廣天之樂盖謂曲與生說

鯤鵬發化之論只是形容胸中

楊用脩曰逍遙遊盡性也

篇注

雀斗

40081　南華經十六卷　（晋）郭象注　（宋）林希逸口義　（宋）劉辰翁
點校　（明）王世貞評點　（明）陳仁錫批注　明刻四色套印本　遼寧省圖書館

南華經卷一

內篇

逍遙遊第一　劉須溪點校

夫小大雖殊而放於自得之場則物任其性事稱其能各當其分逍遙一也豈容勝負於其間哉

北冥有魚其名為鯤鯤之大不知其幾千里也

化而為鳥其名為鵬鵬之實吾所未詳也夫大意在乎逍遙遊

放無為而自得故恢恑憰怪小大之致以明性分之適達觀之士宜要其會歸而遺其所寄不足事事曲與生說自不害

鵬之背不知其幾千里也怒

南華經卷一

楊用脩曰逍遙遊盡性也

異鵬變化之說以燕雀之小而笑盆之大之樂豈朝立人是小知有其弘吉皆可暴之

篇法

40082　南華經十六卷　〔晋〕郭象注　〔宋〕林希逸口義　〔宋〕劉辰翁
點校　〔明〕王世貞評點　〔明〕陳仁錫批注　明刻四色套印本　遼寧省圖書館

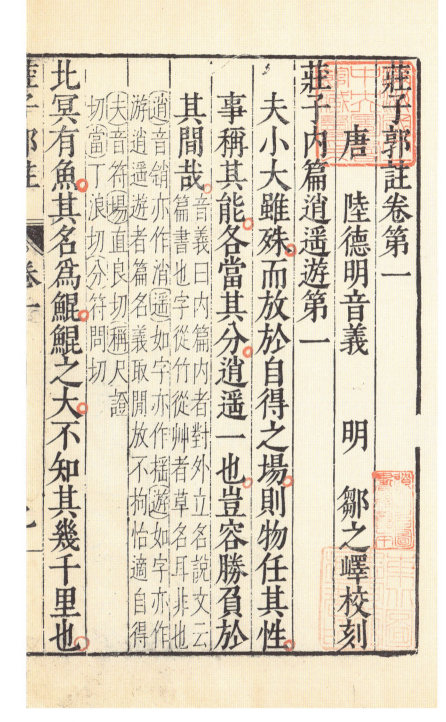

莊子郭註卷第一

唐　陸德明音義

明　鄒之嶧校刻

莊子內篇逍遙遊第一

夫小大雖殊、而放於自得之場則物任其性
事稱其能各當其分逍遙一也豈容勝負於
其間哉〔篇〕音義曰內篇内者對外立名說文云
〔逍〕音銷亦作消〔遙〕如字亦作摇〔遊〕如字亦作
游逍遊者篇名義取開放不拘怡適自得
〔夫〕音符〔揚〕直良切〔稱〕尺證
切〔當〕丁浪切〔分〕符問切

北冥有魚其名爲鯤鯤之大不知其幾千里也

40083　莊子郭註十卷　（晋）郭象撰　（唐）陸德明音義　明萬曆三十三
年（1605）鄒之嶧刻本　遼寧省圖書館

莊子鬳齋口義卷之二

鬳齋　林希逸　註

莊子內篇齊物論第二

物論者人物之論也齊者一也欲
合衆論而為一也戰國之世學問不同更相是
非故莊子以為不若是非兩忘而歸之自然此欲
其立名之意也天籟地籟人籟就聲上起譬喻也

南郭子綦隱几而坐仰天而噓嗒焉似喪其耦顏
成子游立侍乎前曰何居乎形固可使如槁木而
心固可使如死灰乎今之隱几者非昔之隱几者
也子綦曰偃不亦善乎而問之也今者吾喪我汝
知之乎

隱几者憑几也嗒然者無心之貌也喪其耦治
心也隱几者無生意也

一死灰心不起也今之隱几者言今日先生之隱
人皆以物我對立此志之也槁木者無生意也

南華眞經副墨卷之一　　虛字集

明

方壺外史陸西星長庚　述

太初散人孫大綬伯符重校

内篇逍遥遊第一

夫人必大其心而後可以入道故内篇首
之以逍遥遊遊謂之心與天遊也逍遥者汗
漫自適之義夫人心體本自廣大但以
意見廣大的道理令人障礙此篇極意形容諸所有
致意切不爲世故所累然後可進於道昔人不人
有一玄振衣千仞岡濯足萬里流士君子不
可無此氣節海闊從魚躍天空任鳥飛大

黃字言刻

南華眞經副墨卷之一　　虛字集

明

方壺外史陸西星長庚　述

太初散人孫大綬伯符　重校

內篇逍遙遊第一

夫人必大其心而後可以入道　故內篇首

之以逍遙遊　謂心與天遊也　逍遙者　汗

漫自適之的道理　令人展拓胷次　空諸所

意廣大橫生　障礙　此篇本自廣大　但以

見　意謂人心體極意　形容所有

致　切不爲世故所累然後可進於道若人有

有一振衣千仞岡　濯足萬里流　士君子不

可無此氣節　海濶從魚躍天空任鳥飛　大

逍遙遊一

南華經卷一

一

黃守言刻

40086　南華眞經副墨八卷讀南華眞經雜說一卷　　（明）陸西星撰

明萬曆十三年（1585）孫大綬刻本　遼寧省圖書館

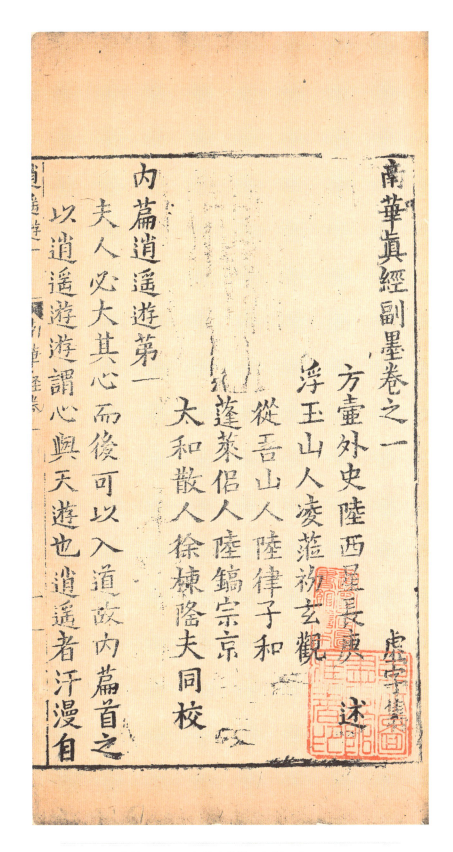

40087　南華眞經副墨八卷讀南華眞經雜說一卷　（明）陸西星撰
（明）孫大綬校　明萬曆十三年（1585）孫大綬刻本　遼寧省圖書館

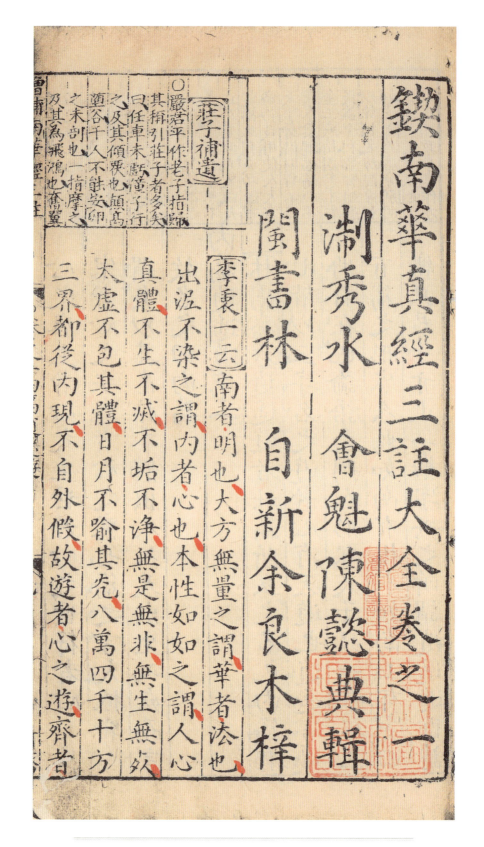

鋟南華真經三註大全卷之一

閩書林　會魁陳懿典輯

湍秀水　自新余良木梓

[李子補遺]

○嚴若平作老子指歸
其稱引莊子者多矣
只任車未斷蒙子行
之及其傾廢也顏島
頗谷千人不詳安卿
之未剖也一指摩之
及其為飛鴻也舊輩

[李襄一云]

出泥不染之謂內者心也本性如如之謂人心

南者明也大方無量之謂華者法也

真體不生不滅不垢不淨無是無非無生無死

太虛不包其體日月不喩其先八萬四千十方

三界都從內現不自外假故遊者心之遊齊昔

40088　**新鋟南華真經三註大全二十卷**　（明）陳懿典輯　明萬曆二十

一年（1593）余氏自新齋刻本　遼寧省圖書館

天皇至道太清玉冊 上卷

南極冲虛妙道真君臞齡老人臞仙製

開闢天地章

生天　生地

天地萬物之祖

生人　生萬物

道

其道也得之
者可以超天
地以獨存歷
萬劫而不朽

40089　天皇至道太清玉冊二卷　（明）朱權撰　明萬曆三十七年（1609）

張進刻本　遼寧省圖書館

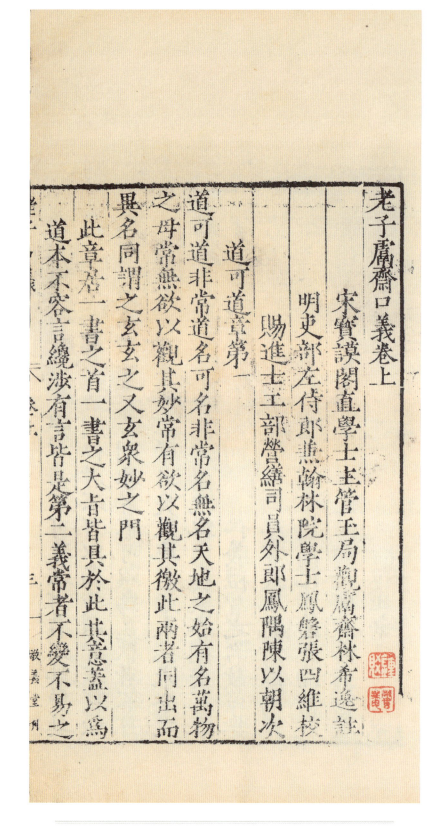

40090　三子口義十五卷　（宋）林希逸撰　（明）張四維補　明萬曆二年

（1574）敬義堂刻本　遼寧省圖書館

陶靖節集卷之一

詩四言

劉後村曰四言自曹氏父子王仲宣陸
士衡後惟陶公最高停雲榮木等篇殆
突過建安矣又曰四言尤難以三百五
篇在前故也

停雲并序

停雲思親友也罇湛新醪園列初
日沈

陶靖節集　卷一　一　龔弘刻

40091　陶靖節集十卷　〔晋〕陶潛撰　〔宋〕湯漢等箋注　總論一卷

明萬曆四年（1576）周敬松刻本　遼寧省圖書館

停雲、恩親友也、罇湛新醪、
園列初

停雲、

篇在前故也、

突過建安矣、又云四言尤難以三百五

士衡後惟陶公最高停雲榮木等篇殆

劉後村曰四言自曹氏父子王仲宣陸

詩四言

明後學張自烈爾公評閱

箋註陶淵明集卷之一

陶淵集

卷一

40092　箋註陶淵明集六卷　〔晋〕陶潛撰　〔宋〕湯漢等箋注　〔明〕
張自烈評　總論一卷和陶一卷　〔宋〕蘇軾撰　律陶一卷　〔明〕王思
任輯　律陶纂一卷　〔明〕黄槐開輯　明崇禎刻本　遼寧省圖書館

顏魯公文集卷之一

安成顏欲章編

鹽官姚士粦校

奏議

請復七聖謚號狀

謹按禮記曰先王謚以尊名節以一惠故行出於

巳而名生於人使夫善者勸而惡者懼也而虞夏

之質殷周之文至矣而禹湯文武之君咸以一字

爲謚言文則不稱武言武則不稱文豈聖德所不

顏魯公文集

山海劉思誠刊

卷之一

奏議

請復七聖謚號狀

謹按禮記曰先王謚以尊名節以一惠故行出於己

而名生於人使夫善者勸而惡者懼也而虞夏之質

殷周之文至矣而禹湯文武之君咸以一字為謚言

文則不稱武言武則不稱文豈聖德所不優乎蓋群

臣稱其至者是以子不得議父臣不得議君天子崩

40094　顏魯公文集十五卷補遺一卷　（唐）顏真卿撰　年譜一卷

（宋）留元剛撰　附錄一卷　明萬曆十七年（1589）劉思誠刻本　遼寧省圖

書館

景物瀰眼而
清淡之趣更
自浮動非寂
寞者

孟浩然詩集卷之上

唐　襄陽孟　浩然　撰

宋　盧陵劉辰翁　評

明　北地李夢陽　參

五言古詩

宿業師山房待丁公不至

夕陽度西嶺羣壑倏巳瞑松月生夜涼風泉滿清

聽樵人歸欲盡煙烏棲初定之子期宿來孤琴候

孟浩然卷上

一

40095　孟浩然詩集二卷　（唐）孟浩然撰　（宋）劉辰翁　（明）李夢陽

評　明凌濛初刻朱墨套印本　遼寧省圖書館

景物滿眼而
清淡之趣更
自浮動非寂
寞者

孟浩然詩集卷之上

　　　　　　唐　襄陽孟　浩　撰

　　　　　　宋　廬陵劉辰翁　評

　　　　明　北地李夢陽　㸃

五言古詩

宿業師山房待丁公不至

夕陽度西嶺羣壑倏已瞑松月生夜涼風泉滿清
聽樵人歸欲盡煙鳥棲初定之子期宿來孤琴候

孟浩然卷上

一

40096　孟浩然詩集二卷　（唐）孟浩然撰　（宋）劉辰翁　（明）李夢陽

評　明凌濛初刻朱墨套印本　遼寧省圖書館

分類補註李太白詩卷之一

春陵楊齊賢子見集註

章貢蕭士贇粹可補註

明長洲許自昌玄祐甫校

古賦　八首

大鵬賦　并序

余昔於江陵見天台司馬子微〔士贇曰　唐書司馬承禎字子微洛州人事潘師正傳辟穀導引術無不通徧遊名山廬天台不出睿宗召至問道開元中再被召卒年八十九沈玢續仙傳以為尸解弟子葬其衣冠雲笈七籤天台赤城續山高一萬八千丈洞周圍五百里名上清玉平之〕

40097　分類補註李太白詩二十五卷　（唐）李白撰　（宋）楊齊賢集
註　（元）蕭士贇補註　明萬曆三十年（1602）許自昌刻李杜全集本　遼東學院
圖書館

碩東橋曰韋公
古詩當獨步唐
室以其得誤觀
之質也其下者
亦在晉宋之間
又曰五言古詩
先舉韋應物然
後諸家可入

劉須溪曰古別
離多矣此作更
古者以其有清
潔自然意如秋
風曠野自難為
懷

劉須溪曰柔腸
歆無而有不可

韋蘇州集卷之一

雜擬

擬古詩十二首

其一

辟君遠行邁歆此長恨端巳謂道里遠如何中
險巇流水赴大壑孤雲還暮山無情尚有歸行
子何獨難驅車背鄉園朝風卷行迹嚴冬霜斷
肌日入不遑息憂歆容髮變寒暑人事易中心

韋蘇州集 卷一

40098　韋蘇州集十卷拾遺一卷　（唐）韋應物撰　（宋）劉辰翁等評
明凌濛初刻朱墨套印本　遼寧省圖書館

陸宣公制誥卷之一

唐吳郡陸　贄　著

奉天改元大赦制

門下致理與化必在推誠志已濟人不吝改過朕嗣

守不構君臨萬方失守宗祧越在草莽不念率德誠

莫追於既往承言思咎期有復於將來明徵厥初以

示天下惟我烈祖遺德庇人致俗化於和平拯生靈

於塗炭重熙積慶垂二百年伊爾卿尹庶官洎億兆

（王誨誥體　典重得帝　四句莊嚴　叙祖宗恩　澤乃激發）

陸宣公全集　卷之一　一

湯賓尹評　武林馬　元訂

40099　陸宣公全集二十四卷　（唐）陸贄撰　（明）湯賓尹評　明崇禎元年（1628）湯賓尹刻本　遼寧省圖書館

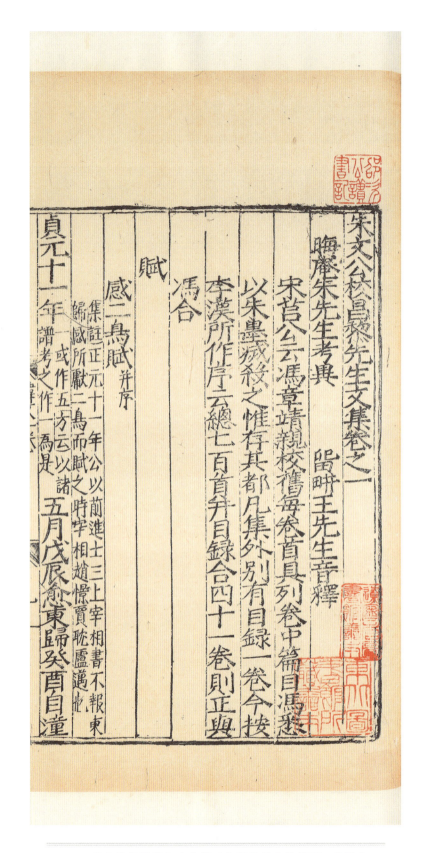

40100　朱文公校昌黎先生文集四十卷外集十卷集傳一卷遺文一

卷　（唐）韓愈撰　（宋）朱熹考异　（宋）王伯大音釋　明嘉靖應鳴鳳刻本

遼寧省圖書館

柳文卷之一

為薛中丞浙東奏五色雲狀

右臣得管內台州奏月日五色雲見者一
道耆老悉皆瞻覩巳具奏聞并寫圖奉進者伏以景
雲上瑞王者祉符煥彩彰之在天知聖德之昭感伏
惟陛下化孚有截道洽無垠承天地之貞明導陰陽
之和氣遂使紛紛郁郁自東而徂西若煙非煙一旬
而再至徵諸古諜事窣前聞伏乞宣付史官以昭簡
冊

柳文卷之一

40101　柳文二十二卷　（唐）柳宗元撰　明萬曆二十年（1592）葉萬景刻本　遼寧省圖書館

古詩

親祀南郊詩 有序

臣襄言伏覩皇帝陛下親執牲玉以饗上帝酌

定大樂登侑三聖天地清霽神祇歆格陛下齋

宋端明殿學士蔡忠惠公文集卷之一

明監察御史侯官陳一元校

布政使麻城李長庚

按察使桐鄉沈　　蒸訂

知縣龍溪馬鳴起閱

趙清獻公集卷之一

奏議

　奏疏論邪正君子小人

臣聞欲治之主得人其昌左右前後皆盡賢正也謀
誤讒言皆盡延納也忠厚魁亮之士日益招來便佞
詭姦之徒日益摧縮號令風化日益流布朝廷中外
日益尊安若然富壽之域坐躋太平之象立見噫左
右前後百不得賢正之人而爲之輔翼雖堯之瘫瘓
舜之孜孜夏禹之克勤文王之不暇食末如之何也

清獻公集〈卷之一〉　　　一

古詩

冬望

霜餘荊吳倚天山鐵色萬仞光鑱開麻姑寂秀揷東極
一峯挺立高崒嵬我生智出豪俊下遠跡久此安萬來
礕兮如驊騮踏天路六轡豈議收駕巑崖初冬未冰雪
蘚花入覆思莫裁長松夾樹蓋十里蒼顏殺氣不可廻
浮雲柳絮誰汝礙欲往自尼誠愚哉南窗聖賢有遺文
滿簡字字顏琪瑰旁搜遠探得戶牖入見輿作何雄魁
日令我意失枯槁水之灌養源源來千年大說漫荒兕
義洛寸土誰能培嗟予計真不自料欲挽白日之西頹

南豐先生元豐類藁卷第一

40104　南豐先生元豐類藁五十卷　（宋）曾鞏撰　明成化八年（1472）

南豐縣刻遞修本　遼寧省圖書館

2892

新刻臨川王介甫先生詩集卷一

宋荊公臨川介甫王安石 著

明豐城後學鎮靜李光祚 校

廿二世孫鳳翔率男維鼎繡梓

古詩

元豐行示德逢

四山翛翛映赤日田背坼如龜兆出湖陰先生坐草

室看踏溝車望秋實雷蟠電馽雲滔滔夜半載兩輸

亭皇皋禾秀發埋牛尻豆死更蘇肥莢毛倒持龍骨

桂屋敖買酒澆客追前勞三年五穀賤如水今見西

王臨川先生集
卷一

40105　新刻臨川王介甫先生詩集一百卷目録二卷　〔宋〕王安石撰
〔明〕李光祚校　明萬曆四十年〔1612〕王鳳翔光啓堂刻本　遼寧省圖書館

125

東坡先生詩集註卷一

宋眉山蘇　軾子瞻　著

永嘉王十朋龜齡　纂

明梁谿王永積崇巖　閲

紀行

壬寅二月有詔令郡吏分徃屬縣減決囚禁自十

三日受命出府至寶雞號郿整屋四縣既畢事因

朝謁太平宫而宿於南谿谿堂遂竝南山而西至

樓觀大秦寺延生觀仙游潭十九日乃歸作詩五

百言以記凡所經歷者寄子由　趙次公壬寅嘉祐
　　　　　　　　　　　七年也鳳翔有十
　　　　　　　　　　　　　　　紀行

40106　東坡先生詩集註三十二卷　（宋）蘇軾撰　題（宋）王十朋纂

集　明末王永積刻本　遼寧省圖書館

東坡禪喜集一

頌

釋迦文佛頌 并引

端明殿學士兼翰林侍讀蘇軾為亡妻

同安郡君王氏閏之請奉議郎李公麟

敬畫釋迦文佛及十大弟子元祐八年

十一月十一日設水陸道場供養軾拜

手稽首而作頌曰

東坡禪喜集一

一

真寔居士馮夢禎批點

即空居士凌濛初輯增

40107　東坡禪喜集十四卷　（宋）蘇軾撰　（明）凌濛初輯　明天啓元年（1621）凌濛初刻朱墨套印本　遼寧省圖書館

李九我曰此賦
傲莊騷其天然
之才淵然之識
其見之矣
邵二泉曰風月
二字是一篇張
本
逍遙篇列子御
風而行泠然善
也
陳眉公曰述樂
景斐斐登登令
人心惙
月在水中謂空

蘇長公合作卷一

赤壁賦

壬戌之秋七月既望蘇子與客泛舟遊於赤壁之
下清風徐來水波不興舉酒屬客誦明月之詩歌
窈窕之章少焉月出於東山之上徘徊於斗牛之
間白露橫江水光接天縱一葦之所如凌萬頃之
茫然浩浩乎如馮虛御風而不知其所止飄飄乎
如遺世獨立羽化而登仙於是飲酒樂甚扣舷而

蘇長公合作
卷一

長公集選卷之一

賦

屈原廟賦

浮扁舟以適楚兮過屈原之遺宮覽江上之重山兮曰惟
子之故鄉伊昔放逐兮渡江濤而南遷去家千里兮生無
所歸而死無以為墳悲夫人固有一死兮處死之為難徘
徊江上欲去而未決兮俯千仞之驚湍賦懷沙以自傷兮
嗟子獨何以為心忽終章之慘烈兮逝將去此而沉吟吾

40109　蘇長公集選二十二卷　〔宋〕蘇軾撰　〔明〕錢士鰲選　明萬曆

二十六年（1598）何文叔刻本　遼寧省圖書館

蘇長公文燧

武林陳紹英生甫選定

後赤壁賦

是歲十月之望步自雪堂將歸於臨皋二客從予過

黃泥之坂霜露既降木葉盡脱人影在地仰見明月

顧而樂之行歌相答已而歎曰有客無酒有酒無餚

月白風清如此良夜何客曰今者薄暮舉網得魚巨

口細鱗狀如松江之鱸顧安所得酒乎歸而謀諸婦

婦曰我有斗酒藏之久矣以待子不時之需於是攜

蘇文燧　　　　　　　　　　賦　　　　一

40110 蘇長公文燧不分卷 〔宋〕蘇軾撰 〔明〕陳紹英輯 明崇禎四

年〔1631〕刻本 遼寧省圖書館

蘇文奇賞卷之一

明　太史長洲陳仁錫明卿父選評

賦

屈原廟賦

浮扁舟以適楚兮過屈原之遺宮覽江上之重山兮
曰惟子之故鄉伊昔放逐兮渡江濤而南遷去家千
里兮今生無所歸而歿無以為墳悲夫人固有一歿兮
處眾之為難徘徊江上欲去而未決兮俯千仞之驚
瀾賦懷沙以自傷兮嗟子獨何以為心忽終章之慘
烈兮逝將去此而沉吟吾豈不能高舉而遠遊兮又

詭是然屈子不必代商蓋其志定矣

40111　**蘇文奇賞五十卷**　（宋）蘇軾撰　（明）陳仁錫選評　明崇禎四年
（1631）陳仁錫刻本　遼寧省圖書館

欒城集卷之一

宋西蜀蘇轍子由著　明東吳　王執禮子敬　全校
　　　　　　　　　　　　　　顧天叙禮初

詩五十二首

郭綸

郭綸本河西弓箭手屢戰有功不賞自黎
州都監官滿貧不能歸權嘉州監稅

郭綸本蕃種騎鬭雄西戎流落初無罪因循遂龍鍾
嘉州巳經歲見我涕無窮自言將家子少小學彎弓
長遇西鄙亂走馬救邊烽手挑丈八矛所往如投空
平生事苦戰數與大冦逢昔在定川寨賊來如羣蜂
萬騎擁酋帥自謂白相公揮兵取其元模糊腥血紅

欒城集

卷一

宋宗伯徐清正公存稿卷之一

裔孫　鑒　校梓

奏劄

四年丁酉六月輪對第一劄

臣寒遠孤蹤材能謭薄遭逢明聖擢實班聯藜緯至情每恨無因借玉陛方寸地一吐之茲因賜對獲望清光不敢撫拾細微以應故事請以關於理亂之大者為陛下告臣聞至不可玩者上天之怒心尤不可忽者斯人之疑心知所以解人心之疑則可以息天

40113　宋宗伯徐清正公存稿六卷　（宋）徐鹿卿撰　**附錄一卷**　明萬曆四十二年（1614）徐鑒刻本　遼寧省圖書館

西山先生真文忠公文集卷第二

明後學武陵楊鶚伏庵父重脩

新寧林懋材君華父校閱

宋贈銀青光禄大夫正統三年奉

聖旨追封浦城伯真先生本傳

真德秀字景元後更景為希浦城人四歲受書過目

成誦登慶元進士第授南劍州判官後中博學宏詞

科入闈帥幕召為太學正嘉定初遷博士累遷趙居

舍人奏權奸擅政十有四年朱熹彭龜年以抗論逐

呂祖謙周端朝以上書斥當時近臣猶有靜之者其

後呂祖泰之眹非惟近臣莫敢言而臺諫且出力擠

真西山文集卷二

重刊黃文獻公文集卷之一

門人宋　濂　全輯
後學虞守愚張　儉　全校
溫陵子環張維樞重選

五言古詩

襍詩五首

日月東西行群動亦不息寄身萬物中寧獨謙茲假所
以魯中叟遑遑走南北聖哲諒已然旅人能父安

晨起步南園旭日朗以清葵花眾草中曄曄敷榮流
光非汝私獨爾心自傾覽物有深懷竚立方企情

璞玉與寶劍淪落初未偶君看被湔祓各在千年後將

40115　重刊黃文獻公文集十卷　（元）黃溍撰　（明）張維樞輯　明萬
曆刻本　遼寧省圖書館

楊鐵崖文集卷之一

諸暨楊維楨廉夫父著

同里後學陳于京宗甫訂

鹿皮子文集序

序念九

言有高而弗當義有奧而弗通若是者後世有傳焉

無有也又況言厖而弗律義淫而無謂者乎自孔氏

後而言傳世者不知幾人焉其滅沒不傳卒與齊民

共腐者亦不知幾人焉姑以唐人言之盧駿之文凡

千餘篇李礎之詩凡八百篇樊紹述著樊子書六十

楊鐵崖集　　文集

王文肅公文集卷之一

光祿大夫少保兼太子太保吏部尚書建極殿大學士王錫爵　著

尚寶司司丞　孫男特敏校梓

奉

勅撰思政軒箴

惟

皇膚聖光嗣丕基弗寧燕處有儼若思厥恩伊

何萬幾一日千里應違謀之几席惟

皇立政欽若

空同子集 卷之一

北郡李夢陽撰 東莞鄧雲霄歆潘之恒蒐校

賦類一之一

疑賦　　鈍賦

思賦　　述征賦

省愆賦　宣歸賦

緒寓賦　寄兒賦

侯軒子賦　竹石賦

右次賦一十首

空同集　卷一

賦一

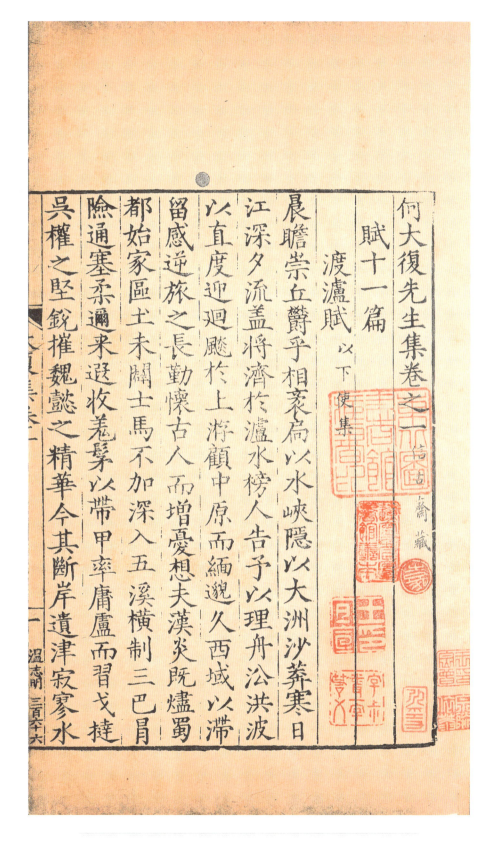

何大復先生集卷之一

賦十一篇

渡瀘賦 以下使集

晨瞻崇丘巘乎相衰扃以水峽隱以大洲沙莽寒日
江深夕流盖將濟於瀘水榜人告予以理舟汸洪波
以直度迎迴飈於上游顧中原而緬邈久西域以滯
留感逆旅之長勤懷古人而增憂想夫漢炎既爐蜀
都始家區土未闢士馬不加深入五溪橫制三巴昌
險通塞柔遍來選收羌髤以帶甲率庸盧而習戈挺
吳權之堅銳摧巍懿之精華今其斷岸遺津寂寥水

文直集卷二

一 溫肅 三頁卒六

40119　何大復先生集三十八卷　（明）何景明撰　**附録一卷**　明萬

曆五年（1577）陳堂、胡秉性刻本　遼寧省圖書館

升菴先生文集卷之一

成都楊慎著

從子　有仁編輯

後學趙開美校正

高安陳邦瞻重校

江陽王藩臣

內江蕭如松仝校

鳳賦

黃帝晨坐於扈閣降觀於縈阿有鳥來巢命育交柯

乃召天老而問焉天老對曰西申之國丹穴之山愛

有神鳥名為鳳焉羽族三百六十以應周天天帝命

此鳥以為羽族先其為狀也鴻前而麟後蛇頸而魚

尾鸛顙而鴛腮龍文而龜身燕頷而雞味鶴植而麗

旁人徒嗷嗷 匹侶當自知 離別難預圖 樂往自成悲

仰觀素雪流 俯見朱華披 棄置安足陳 亡沒無還期

百年瞽影響 倏忽誰能持

其五

在我遊帝京 馮寵私自奇 當年值數子 無復新相

知中原一顧眄 凌厲有餘姿 用身常苦拙 此志安得

施浮沈託大道 西海一樓遲 時俗溺鄙議 長往不可

追願言反初服 白日且逶迤 酒中念故人 千載為等

期

其六

滄溟集

卷之四

二百六五

40121　滄溟先生集三十卷　（明）李攀龍撰　**附錄一卷**　明隆慶刻

本　遼東學院圖書館

滄溟先生集卷之一

古樂府

濟南李攀龍于鱗撰

胡寬營新豐士女老幼相攜路各知其室放
大羊雞鶩於通塗亦競識其家此善用其擬者
業至伯樂論天下之馬則若臧若没若亡若失
觀天機也得其精而忘其麤在其內而忘其外
色物牝牡一弗敢知斯又當其無有擬之用矣
古之爲樂府者無慮數百家各與之爭片語之
間使雖後起名厭其意是故必有以當其無有

新刻張太岳先生詩集卷之一

江陵　叔大張居正　著

後學　雷思霈　校

繡谷唐國達　梓

五言古

恭述　祖德詩

赫赫我　太祖應運開鴻基仗劍起濠梁羣雄摧若

遺威德加四海混沌分兩儀勳華信巍煥典則仍貽

重　成祖靖内難桓桓東征師奠鼎卜燕朔犁庭掃

張太岳文集〈卷之一〉

40123　新刻張太岳先生詩集四十七卷　（明）張居正撰　明萬曆四十
年（1612）唐國達刻本　大連市圖書館
存三十六卷（一至十四、二十四至三十九、四十二至四十七）

李氏焚書卷之一

書答

○答周西巖

天下無一人不生知，無一物不生知，亦無一刻不生知者，但自不知耳。然又未嘗不可使之知也。惟是土木瓦石不可使知者，以其無情，難告語也。賢智愚不省不可使知者，以其有情，難告語也。除是二種，則雖牛馬驢駝等，當其深愁痛苦之時，無不可告以生知，又有人不生知語，以佛乘也。據渠見處，恰似有人生知，又有人不生

40124　李氏焚書六卷　（明）李贄撰　明刻本　遼寧省圖書館

綸扉簡牘卷之一

答王雲衢巡撫

承手教知門下勞神邊事市馬之議即日有

定畫矣甚慰青酋雅故桀驚徒以市利不覺

如蟻集羶如魚食餌故馬來益冗而虜欵亦

益堅此為厚利使也來諭求而非挾切中虜

情顧所惡於虜馬之增多者不在青永諸部

落而在長昂土蠻混淆其中陰獲市利于此

而公肆鹵掠于彼今三衛之貢不入前止之

40125　綸扉簡牘十卷　（明）申時行撰　明萬曆二十四年（1596）申時行

刻本　遼寧省圖書館

徐文長文集卷之一

公安袁宏道中郎評點

門人閔德美子善校訂

賦

涉江賦　襟期超曠

晉潘岳作秋興賦序稱三十有二歲始見二毛時岳為賈充掾寓直散騎之省見省中多富貴人乃起歸來之想及作閒居賦自進多落而少遷以見拙宦雖卒歸退休然合前賦而觀之誠見其嗜醇釀而茹言

刻張陽和先生論學書序　書今其載集中

後世談學者各有一時之說宋人多言天理人欲其

在近世則多言本體工夫要之皆屬支離而非孔孟

宗吉也此理在人無方無體自感自通平鋪於日用

之間學則聖不學則凡豈能加減於毫末哉就為天

理就為人欲就為本體就為工夫種種色色皆由見

生後以我見而破彼見此言所以轉多也雖然任斯

道之責者固不得而辭也亦各云救而已矣盖昔王

文成公云戒慎恐懼是本體不睹不聞是工夫則本

40127　張陽和先生不二齋文選七卷　（明）張元忭撰　明萬曆張汝霖、
張汝懋刻本　遼寧省圖書館

容臺詩集卷之一

　　　　　華亭董其昌著

　　　　　　　　　　家孫庭輯

五言古風

恭讀　宣宗皇帝　御製翰林院箴　錦課

崢嶸木天署七曜齋精芒璇題揭周訓麗藻炳堯

章念此司言重溫語申宮常談經入禁籲起草直

明光地埒洵清切恩華難對揚俊乂思獻納台衡

燮陰陽公私慎塗軌仁義爲提綱玄微剖幽聊森

40128　容臺文集九卷詩集四卷別集四卷　〔明〕董其昌撰　明崇禎三

年（1630）刻本　大連市圖書館

存八卷（詩集四卷、別集四卷）

循陔園集卷之一

黟中丘禾實有秋著

嘉定頃之彥君美閱

門人　新鄭周之綱振之校
　　　蒲城魏連開起元校

序類

少保大司寇岳峯蕭先生七十八載考績序

功令大小臣以三年考績又三年再考績凡稱職者皆報聞大臣則上賜溫綸加恩焉似也然余獨見司

金陵楊士棟刻

40129　循陔園集八卷　（明）丘禾實撰　明萬曆四十一年（1613）刻本

遼寧省圖書館

縱山先生集卷之一

太倉王衡辰玉甫著

男時敏校

詩

西湖四賢祠迎神歌

有沕兮井湑亭宛宛兮綵之汲井兮宿酒鱠鯉

兮且有素衣裳兮澹如煌恍騫帷兮與言我客

兮我俎紛拜起兮王母轆轤忽兮若驚魚奮揚

兮將雨　右李鄴侯

李卓吾評選趙大洲先生文集

明　內江趙貞吉 洲大 著　麻城李載贄 卓吾評　崑山諸士述 明南 校

奏疏

○○乞求眞儒疏　嘉靖戊戌年

翰林院編修臣趙、謹奏爲乞敷求眞儒以贊

大業以慰　聖心事臣千本年四月廿一日伏

　觀　皇上軫念元元旱傷流離乃躬祀郊雾百

官陪拜臣于時感激奮退思時務但臣智慮

40131　李卓吾評選趙大洲先生文集四卷　（明）趙貞吉撰　（明）李
贄評　明刻本　遼寧省圖書館

東坡題跋卷一　　　　海陽黃嘉惠長吉父校

書李伯時山莊圖後

或曰龍眠居士作山莊圖使後來入山者信是而行

自得道路如所夢如悟前世見山中泉石草木不

問而知其名遇山中漁樵隱逸不名而識其人此豈

強記不忘者乎曰非也書曰者常疑齋餅非忘曰也熟

中不以鼻飲夢中不以趾捉天機之所合不強而自

記也居士之在山也不留于一物故其神與萬物交

正綸議曰
有道者不
然則物雖
彤于心不
彤于手如
後與繪率
炎公未必

40132　蘇黃風流小品十六卷　　（明）黃嘉惠編　明崇禎爾如堂刻本　遼寧省圖書館

選詩卷一

梁昭明太子蕭統選

補亡

補亡六詩 并序

虞九章曰詩或三章或四章故不言六首而言六詩

龐本無分析殊昧作者之意

束皙

南陔孝子相戒以養也

循彼南陔言採其蘭眷戀庭闈心不遑安彼居

之子罔或游盤馨爾夕膳潔爾晨餐

選詩 卷一

一

40133　選詩七卷　（南朝梁）蕭統輯　（明）郭正域批點　（明）凌濛初
輯評　明凌濛初刻朱墨套印本　遼寧省圖書館

選表

選表　一卷

選表　一卷

梁昭明太子蕭統選

明　江夏郭正域評

薦禰衡表

孔融

臣聞洪水橫流帝思俾乂旁求四方以招賢俊昔

世宗繼統將弘祖業疇咨熙載群士響臻陛下叡

聖纂承基緒遭遇厄運勞謙日昃維嶽降神異人

並出竊見處士平原禰衡年二十四字正平淑質

40134　文選後集五卷　（南朝梁）蕭統輯　（明）郭正域評　明閔于忱刻

朱墨套印本　遼寧省圖書館

古詩歸第一卷

古逸一

　皇娥

○皇娥歌

少昊以金德王母曰皇娥處璇宮而夜織或

乘桴木而晝游歷經窮桑滄茫之浦時有神

童容貌絕俗稱爲白帝之子卽太白之精降

乎水際與皇娥讌戲竝坐撫桐峰梓瑟皇娥

倚瑟而清歌云云白帝子答歌云云

40135　古詩歸十五卷　（明）鍾惺　譚元春輯　明閔振業刻三色套印本
遼東學院圖書館

荊石王相國叚註百家評林班馬英鋒選卷之一

太倉荊石王錫爵選

編修王　衡辰平甫校

後學周文翀儀廷甫言

大學周時泰子和甫鑴

司馬遷史記

五帝贊

太史公曰學者多稱五帝尚矣然尚書獨載堯以來
百家言黃帝其文不雅馴薦紳先生難言之孔子所
傳宰予問五帝德及帝繫姓儒者或不傳余嘗西至
空峒北過涿鹿東漸於海南浮江淮矣至長老皆往

吳草廬曰
此為贊語
之首古質
與雅文簡
意多而斷
制不苟尤
為超卓

40136　荊石王相國叚註百家評林班馬英鋒選十卷　〔明〕王錫爵

輯　明萬曆二十九年（1601）周時泰刻本　遼寧省圖書館

此與宋玉諷賦同一詞古而更覺婉媚

文致

美人賦　　　　　司馬相如

司馬相如美麗閑都遊於梁王梁王悅之鄒陽

譖之於王曰相如美則美矣然服色容冶妖麗

不忠將欲媚辭取悅遊王後宮王不察之乎王

問相如曰子好色乎相如曰臣不好色也王曰

子不好色何若孔墨乎相如曰古之避色孔墨

之徒聞齊饋女而遯逃望朝歌而廻車譬於防

文致賦

40137　文致不分卷　（明）劉士鏻選　（明）閔無頗　閔昭明集評　明天

啓閔元衢刻朱墨套印本　遼寧省圖書館

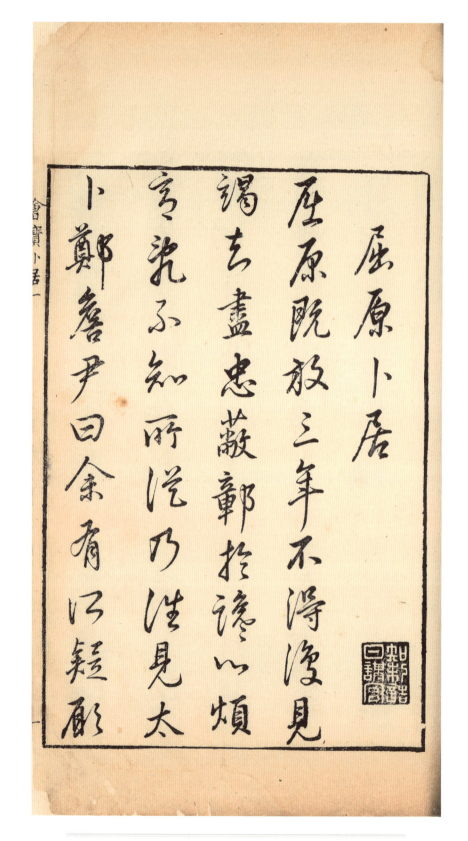

屈原卜居

屈原既放三年不得復見
竭志盡忠蔽鄣於讒以煩
言瀆不知所從乃往見太
卜鄭詹尹曰余有所疑願

會寶卜居一

40138　**文字會寶不分卷**　（明）朱文治輯　明萬曆三十六年（1608）朱
文治刻本　遼寧省圖書館

宋文鑑卷第一

朝奉郎行祕書省著作佐郎兼禮部郎中兼權禮部郎中兼權呂祖謙

聖旨銓次

賦

五鳳樓賦　梁周翰

藉田賦　王禹偁

端居賦　种放

大蒐賦　丁謂

洞庭賦　夏侯嘉正

矮松賦　王曾

聲賦　張詠

春雪賦　錢惟演

君可思賦　楊億

40139　宋文鑑一百五十卷目録三卷　〔宋〕呂祖謙輯　明嘉靖五年（1526）晉藩朱知烊養德書院刻本　遼寧省圖書館

元文類卷第一

賦

瑟賦

庖犧氏之創物兮始弦桐以為瑟象離三之靈中

兮戴九梁而洞越弦大行之五十兮不勝悲而半

新浩朱襄之飄風兮肇五弦於士達瞽三之為十

有五兮重華作而增八灑有番弦兮或二十而巔七

必五五而迺定兮與天數以為一紛弦樂之殊名

兮皆放此而後出夫是以稱樂器之宪兮莫敢擬

大而度長歷炎黄而陶唐兮為咸池之大章韶以

40140　元文類七十卷目録三卷　（元）蘇天爵輯　明嘉靖十六年（1537）

晋藩刻本　遼寧省圖書館

聯句私抄卷之一

吳南夫顧士廉劉汝忠同坐

坐愛南窗日色温　顧　聊將一笑共清尊　毛　情多故著

詩隨令劉話父驚看雪退痕　顧　樓外空濛來迥碧　毛

眼中塵土隔浮誼劉主人自有山陰興　顧　先遣奚童

為鎖門　吳

雪爵

誰琢崑崙一片氷　毛　直挍清寅檀嘉稱　顧　令從金谷

愁深罰　劉　價得瑤篇覺倍增　吳　足峙共憐形似罪　毛

腰虛寧怯注如澠　顧　醉来對客須珍重　劉　恐有寒光

40141　聯句私抄四卷　（明）毛紀輯　明嘉靖刻本　遼寧省圖書館

劉子文心雕龍卷上之上

原道第一

文之爲德也大矣與天地並生者何哉夫玄黃色

雜方圓體分日月疊璧以垂麗天之象山川煥綺

以鋪理地之形此蓋道之文也仰觀吐曜俯察含

章高甲定位故兩儀既生矣惟人參之性靈所鍾

是謂三才爲五行之秀人實天地之心心生而

言立言立而文明自然之道也傍及萬品動植皆

文龍鳳以藻繪呈瑞虎豹以炳蔚凝姿雲霞雕色

文心雕龍上

曹脄始日先提
起心字而後及
有心無心之別

綉音枊

40142　**劉子文心雕龍二卷**　（南朝梁）劉勰撰　（明）楊慎等評點　**注**

二卷　明閔繩初刻五色套印本　遼寧省圖書館

楊升菴先生批點文心雕龍卷之一

梁　通事舍人劉勰　撰

明·豫章　梅慶生　音註

原道第一

文之為德也大矣與天地並生者何哉夫玄黃
色雜方圓體分日月疊璧以垂麗天之象山川
煥綺以鋪理地之形此蓋道之文也仰觀吐
曜俯察含章高卑定位故兩儀既生矣惟人參
之性靈所鍾是謂三才為五行之秀實天地

40143　**楊升菴先生批點文心雕龍十卷**　〔南朝梁〕劉勰撰　〔明〕梅
慶生注　〔明〕楊慎評　明天啟二年（1622）刻本　大連市圖書館

新刻分類評釋草堂詩餘卷之一

翰林　九我　李廷機　評釋
啓東　翁正春　類訂
金陵　洪宇　李良臣　梓行

春景類一
凡六十五首

臨江仙　立春
賀方回

巧剪合歡羅勝子。釵頭春意翩翩。[荊楚歲時記]立春日悉剪豔歌淺笑拜嬋娟

綵寫爲燕以戴之鄭毅夫云漢殿翻簪目雙綵燕佾知春色上釵頭

然願郎宜此酒行樂駐華年。○未至文園多病

40144　新刻分類評釋草堂詩餘六卷　（明）李廷機評釋　明李良臣東
壁軒刻本　遼寧省圖書館

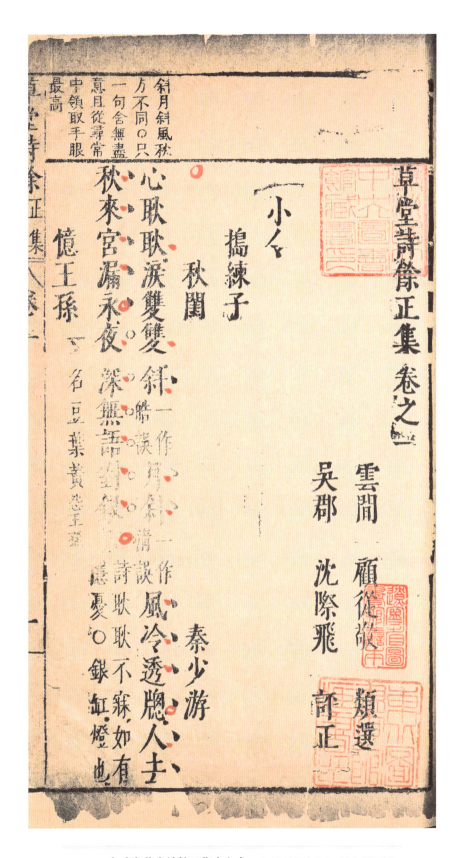

草堂詩餘正集 卷之二

雲間 顧從敬 類選

吳郡 沈際飛 評正

小令

搗練子

秋閨

　　　　　　　　　　　　　　　秦少游

心耿耿淚雙雙　斜一作月皎一作月皎談耿耿不寐如有

秋來宮漏永夜深　無語終宵思憂○銀缸燈也

風冷透牕人去

翁月斜風秋

方不同○只

一句含無盡

意旦從尋常

中領取手眼

最高

憶王孫

下名豆葉黃憶王孫

破幽夢孤鴈漢宮秋雜劇

元 馬致遠撰

明吳興臧晉叔校

楔子

(沖末扮番王引部落上詩云)氈帳秋風迷宿草

盧夜月聽悲笳控弦百萬爲君長款塞稱藩屬漢

家某乃呼韓耶單于是也久居朔漠獨霸北方以

射獵爲生攻伐爲事文王曾遜俺東徙魏絳曾怕

俺講和獵獸巖宄逐代易名單于可汗隨時稱號

40146　元曲選十集一百卷　（明）臧懋循編　**論曲一卷**　（明）陶宗
儀等撰　**元曲論一卷**　明萬曆刻博古堂印本　遼寧省圖書館

西廂會真傳

第一齣　佛殿奇逢

老夫人閒春院　崔鶯鶯燒夜香
俏紅娘傳好事　張君瑞鬧道場

〔夫人鶯紅歡郎上云〕老身姓鄭夫主姓崔官拜前朝相國不幸因病告殂殂生得這箇小姐小字鶯鶯年一十九歲鍼蕭女工詩詞書算無不能者老相公在日曾許下老身之姪乃鄭尚書之長子鄭恒為妻因俺孩兒父喪未滿未得成合這一箇小廝兒喚做歡郎先夫的喚做紅娘這一箇小妮子是自幼伏侍孩兒棄世之後老身與女孩兒扶柩至博陵安葬

西廂卷一

既說祗生得遣
個小姐後面不
合說歡即是崔
家後代子孫
鍼蕭古針指字

西廂卷一

一

40147　西廂會真傳五卷　（元）王實甫撰　（明）湯顯祖　沈伯英批評
會真記一卷　（唐）元稹撰　明刻三色套印本　遼寧省圖書館

湯義仍先生南柯夢記卷上

臨川玉茗堂編

第一齣提世

〔南柯子〕〔末〕玉茗新池雨金柅小閣晴有情歌酒莫教

看取無情蟲蟻也關情○國土陰中起風花眼角成勢

玄還有講殘經爲問東風吹夢幾時醒

登寶閣槐安國土　隨夫貴公主金枝

有碑記南柯太守　無虛証甘露禪師

第二齣俠騃

〔齊破陣〕〔生佩劍上〕將氣直冲牛斗鄉心倒掛揚州四游

無家蒼生没眼拄破了英雄笑口自小兒豪門慣使酒

南柯夢卷上〈八〉

40148　玉茗堂四種傳奇八卷　〔明〕湯顯祖撰　明末刻本　遼寧省圖書館

牡丹亭還魂記卷上

明臨川湯顯祖若士編

歙縣玉亭朱元鎮較

第壹齣　標目

蝶戀花〔末上〕忙處拋人閒處佳、百計思量没箇為歡處〔白〕

日消磨腸斷句、世間只有情難訴

燭迎人俊得江山助、但是相思莫相負、牡丹亭上三生路

漢宮春杜寶黃堂生麗娘小姐愛幽閒柳夢梅佳偶記真梅花道院凄涼二年上有夢梅柳子於此赴高唐果爾回生定配赴臨安取試寇返淮揚把杜公閒因小姐驚悸〔行〕探郎柳郎行雨勸平章風流况施行正苦激惱平章報中狀元郎

杜麗娘夢寫丹青記　陳敎授說下梨花鎗

新鐫古今大雅南宮詞紀一卷

秣陵　陳所聞蓋卿　粹選

陳和泰大來　輯次

套數

美麗　　　　　　梁伯龍

題閨中女郎

黃鍾啄木兒　誰家女兩鬢兩臉嬌善將破瓜聽清

聲如柳外雛鶯觀香鬢似日表寒鴉選良姻不思輕

婚嫁　守清規鎮常甘孤寡好似一朵藏鳳葉底花

賣花聲　獨閉房櫳有誰歡狎伴侶相邀暫同戲耍綉

40150　新鐫古今大雅南宮詞紀六卷　（明）陳所聞輯　明萬曆三十三年（1605）刻本　遼東學院圖書館

新鐫批評出相韓湘子

　　　　　　　　錢塘　雉衡山人　編次

　　　　　　武林　泰和仙客　評閱

入話

混沌初分世界陰陽配合成人黃芽白雪幾更新鳥

兔趕環不定曾見滄田變滷旋　看松栢凋零青牛白

犬吠天津轉眼棋枰相應

第一回

雉衡山鶴兒毓秀　　　湘江嶄香獐受譴

蓋天地之間九州八極土有九山山有九塞澤有九氣風

傳道正統

宋　李元綱著　嚴之麟校閱

二

歷代
聖賢
傳大
中至

獨行聖賢
其道可救
一時不可
傳於萬世

伯夷　荀況

柳下惠　揚雄

顏子

明道

40152　百川學海一百十二種　　〔宋〕左圭輯　〔明〕□□重輯　明刻本

瀋陽市圖書館

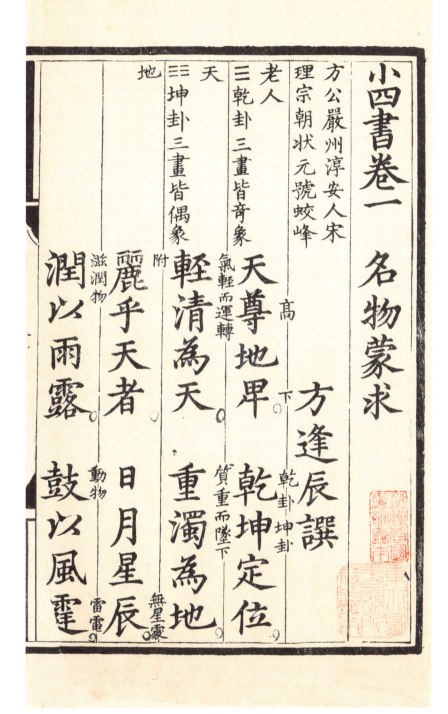

40153　小四書四種五卷　　（明）朱升輯注　明嘉靖二十三年（1544）朱
升刻本　遼寧省圖書館

恕書續編卷之一　　　　耐菴居士輯

大學曰身有所忿懥則不得其正

又曰無諸已而后非諸人朱子或問曰無諸已

不必非諸人以為非諸人而有諸已則不可

也

又曰所惡於上毋以使下所惡於下毋以事上

所惡於前毋以先後所惡於後毋以從前所

惡於右毋以交於左所惡於左毋以交於右

40154　由醇錄十三種三十五卷 （明）沈節甫輯　明萬曆二十四年（1596）

忠恕堂刻本　遼寧省圖書館

陳眉公訂正尚書故實

唐　趙郡　李綽　編

明　繡水　黃承玄　沈德先　校

賓護尚書河東張公三相盛門四朝雅望博

物自同於壯武多聞遠邁於畐臣綽避難圍

田寓居佛廟秩有同於錐印跡更甚於酒傭

叨遂迎塵每容侍話凡聆徵引必異壽常足

40155　寶顏堂續祕笈五十種一百卷　（明）陳繼儒輯　明萬曆刻本
大連市圖書館

周易卷之一

周易上經

周代名也。易書名也。其卦本伏羲所畫。
有交易變易之義。故謂之易。其辭則文
王周公所繫。故繫之周。以其簡袠重大。
故分爲上下兩篇。經則伏羲之畫文王
周公之辭也。幷爲諸儒所作之傳十篇。凡
十二篇。中閒頗爲諸儒所亂。近世晁氏
始正其失。而未能盡合古文。呂氏又
定著爲經二卷。傳十卷。乃復孔氏之舊
云。

乾下 乾上

周易上經

乾。元亨利貞。乾。渠焉反。○上六畫者。伏羲所畫
之卦也。一者。奇也。陽之數也。乾

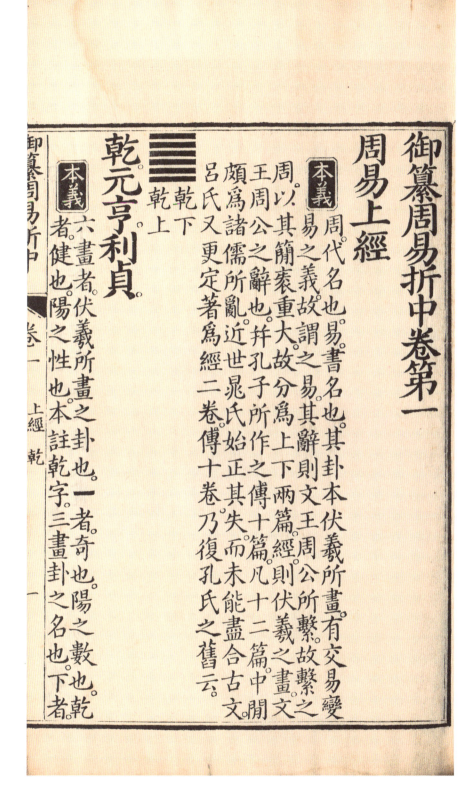

御纂周易折中卷第一

周易上經

本義 周代名也易書名也其卦本伏羲所畫有交易變易之義故謂之易其辭則文王周公所繫故繫之周以其簡袠重大故分爲上下兩篇經則伏羲之畫文王周公之辭也幷孔子所作之傳十篇凡十二篇中間顏爲諸儒所亂近世晁氏始正其失而未能盡合古文吕氏又更定著爲經二卷傳十卷乃復孔氏之舊云

乾下 乾上 乾

乾元亨利貞

本義 六畫者伏羲所畫之卦也一者奇也陽之數也乾者健也陽之性也本註乾字三畫卦之名也下者

御纂周易折中卷第一

周易上經

【本義】周代名也易書名也其卦本伏羲所畫有交易變易之義故謂之易其辭則文王周公所繫故繫之周以其簡袠重大故分爲上下兩篇經則伏羲之畫文王周公之辭也并孔子所作之傳十篇凡十二篇中間頗爲諸儒所亂近世晁氏始正其失而未能盡合古文呂氏又更定著爲經二卷傳十卷乃復孔氏之舊云

乾☰
乾下
乾上

乾元亨利貞

【本義】六畫者伏羲所畫之卦也一者奇也陽之數也乾者健也陽之性也本註乾字三畫卦之名也下者

40158 御纂周易折中二十二卷首一卷 〔清〕李光地等撰 清康熙五十四年（1715）內府刻本 大連市圖書館

889634

御纂周易折中卷第一

周易上經

本義 周代名也。易書名也。其卦本伏羲所畫有交易變
易之義故謂之易。其辭則文王周公所繫故繫之
周以其簡袠重大故分爲上下兩篇。經則伏羲之畫文
王周公之辭也。并孔子所作之傳十篇。凡十二篇中間
頗爲諸儒所亂。近世晁氏始正其失而未能盡合古文。
呂氏又更定著爲經二卷傳十卷乃復孔氏之舊云。

乾 ䷀ 乾下
　　　乾上

本義 六畫者伏羲所畫之卦也。一者奇也。陽之數也。乾
者健也。陽之性也。本註乾字。三畫卦之名也。下者。

乾元亨利貞。

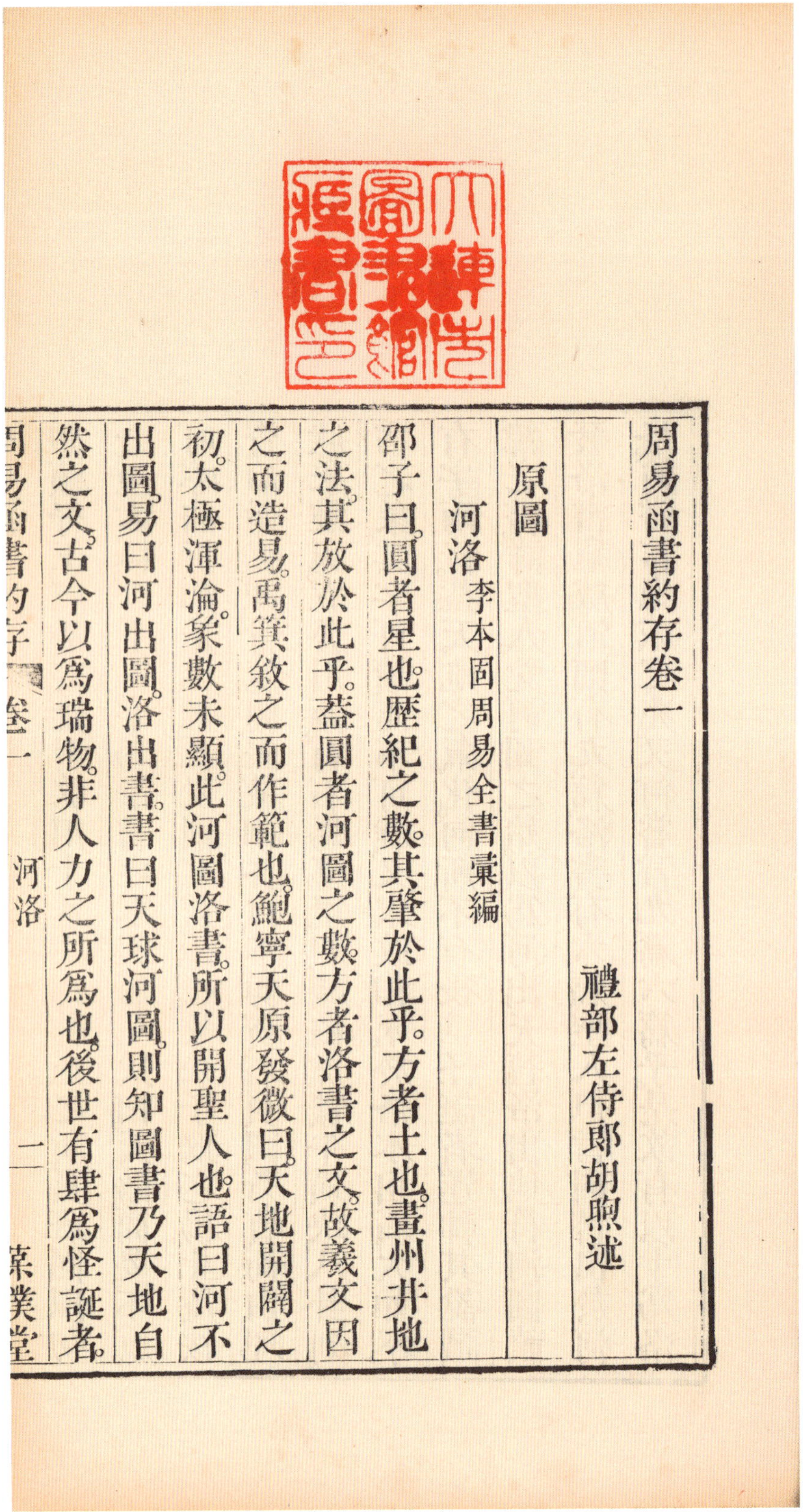

周易函書約存卷一

禮部左侍郎胡煦述

原圖

河洛 李本固周易全書彙編

邵子曰圓者星也歴紀之數其肇於此乎方者土也畫州井地之法其放於此乎葢圓者河圖之數方者洛書之文故羲文因之而造易禹箕敘之而作範也鮑寧天原發微曰天地開闢之初太極渾淪象數未顯此河圖洛書所以開聖人也語曰河不出圖易曰河出圖洛出書書曰天球河圖則知圖書乃天地自然之文古今以爲瑞物非人力之所爲也後世有肆爲怪誕者

周易函書約存 卷一 河洛 二 葆璞堂

40160 周易函書約存十八卷約注十八卷別集十六卷 （清）胡煦撰

清乾隆胡氏葆璞堂刻本 大連市圖書館

易經揆一卷一
周易上經

臣梁錫璵集傳

周代名易書名夫成於代者以代名。故書以紀事。禮以分屬於虞

夏商周而禮作於周者專屬之周。蓋書以紀事。禮以

定制固皆一代之事。易以明理豈一代之事乎。故繫

傳屢言易而不著周。即論易之興而言殷周之際。亦

因興而推其時。非以時而繫夫易。況與非創也。犧先

之矣。象爻因畫而繫耳。特周禮因連山歸藏而於易

著周以別後遂沿以爲名云爾。易從日從月取坎離

之象乎。繫傳曰易有大極。大極者易之原也。又曰易

（左側書口）易經揆一 卷一 上經 乾

40161　易經揆一十四卷易學啓蒙補二卷　（清）梁錫璵撰　清乾隆十

六年〔1751〕刻本　遼東學院圖書館

冀州

禹貢譜卷上

冀州既載壺口治梁及岐既修太

原至于岳陽覃懷厎績至于衡漳

厥土惟白壤厥賦惟上上錯厥田

惟中中恒衛既從大陸既作島夷

皮服夾右碣石入于河

40162　禹貢譜二卷　〔清〕王澍撰　清康熙四十六年（1707）積書岩刻本

大連市圖書館

尚書釋天卷一

秀水　盛百二

堯典

乃命羲和節

羲氏和氏主歷象授時之官

孔氏安國傳重黎之後羲氏和氏世掌天地之官

孔氏穎達正義楚語云少昊之衰九黎亂德人神雜擾

不可方物顓頊受之命南正重司天以屬神火正黎司

地以屬民無相侵瀆其後三苗復九黎之德堯育重黎

之後使復典之以至於夏商故呂刑傳云重即羲黎即

和也羲和雖別爲氏族而出自重黎故呂刑以重黎言

40163　尚書釋天六卷　〔清〕盛百二撰　清乾隆十八年（1753）秀水李氏

刻本　大連市圖書館

尚書繹天卷一

秀水　盛百二　泰川

堯典

乃命羲和節

羲氏和氏主歷象授時之官

孔氏安國傳重黎之後羲氏和氏世掌天地之官

孔氏穎達正義楚語云少昊之衰九黎亂德人神雜擾

不可方物顓頊受之命南正重司天以屬神火正黎司

地以屬民無相侵瀆其後三苗復九黎之德堯育重黎

之後使復典之以至於夏商故呂刑傳云重即羲黎即

和也羲和雖別爲氏族而出自重黎故呂刑以重黎言

尚書繹天

卷一

一

40164　尚書繹天六卷　〔清〕盛百二撰　清乾隆十八年〔1753〕秀水李氏

刻本　遼寧大學圖書館

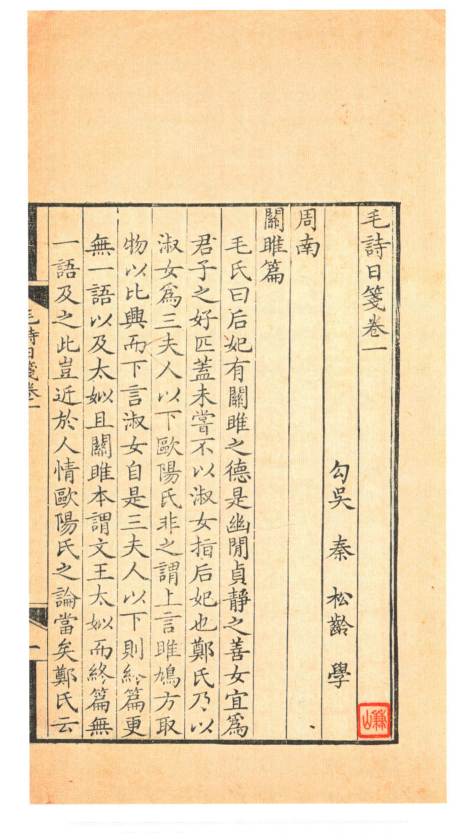

毛詩日箋卷一

勾吳 秦松齡 學

周南

關雎篇

毛氏曰后妃有關雎之德是幽閒貞靜之善女宜爲
君子之好匹蓋未嘗不以淑女指后妃也鄭氏乃以
淑女爲三夫人以下歐陽氏非之謂上言雎鳩方取
物以比興而下言淑女自是三夫人以下則終篇更
無一語以及太姒且關雎本謂文王太姒而終篇無
一語及之此豈近於人情歐陽氏之論當矣鄭氏云

40165　**毛詩日箋六卷**　〔清〕秦松齡撰　清康熙刻本　遼寧大學圖書館

欽定詩經傳說彙纂卷第一

國風一

【集傳】國風一瑾曰集傳於國風之下係以一者。

周南又居國風中十五國之首也。

四詩之首也。下文周南一之一者。

孔氏穎達曰詩國風是大師所題也。○劉氏以國風居

謂之風者以其被上之化以有言而其言又足以感

人如物因風之動以有聲而其聲又足以動物也。是

以諸侯采之以貢於天子。天子受之而列於樂官。於

以考其俗尚之美惡而知其政治之得失焉。朱子曰。男女相

國者諸侯所封之域而風者民俗歌謠之詩也

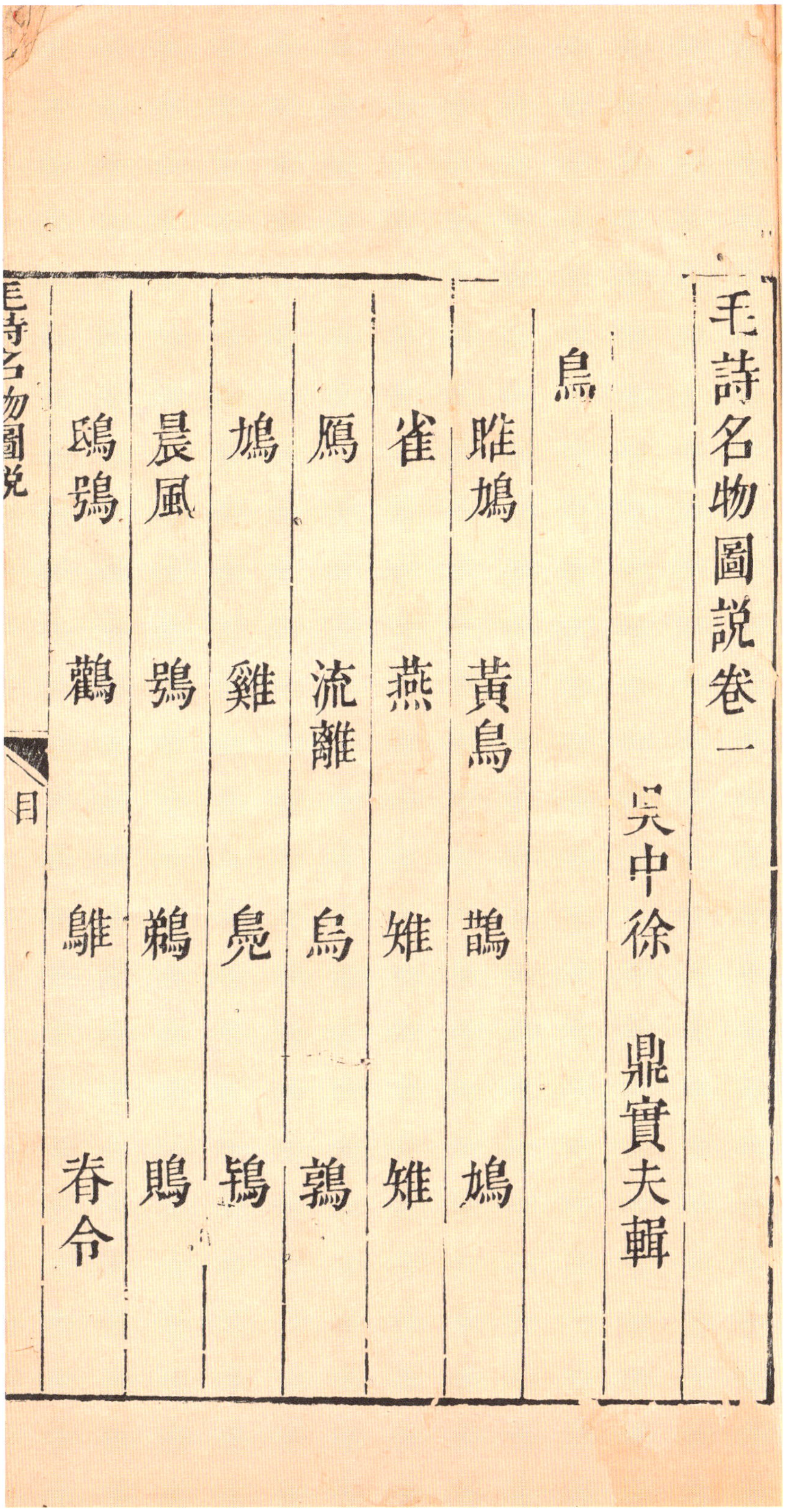
毛詩名物圖説卷一
吳中徐　鼎實夫輯
鳥
雎鳩　黃鳥　鵲　鳩
雀　燕　雉　雉
鴈　流離　烏　鶉
鳩　雞　梟　鴞
晨風　鴇　鵜　鵙
鴟鴞　鸛　鵻　脊令
毛詩名物圖説　目

40167　毛詩名物圖說九卷　（清）徐鼎撰　清乾隆三十六年（1771）刻本　遼東學院圖書館

草木疏校正上

題名

仁和趙佑學

毛詩草木鳥獸蟲魚疏卷上、唐吳郡陸璣、陶本、

毛詩草木鳥獸蟲魚疏廣要卷上之上、唐吳郡陸璣

元恪撰、明海隅毛晉子晉參、毛本、

案唐字非當曰吳、吳郡陸璣、隋志、毛詩草木蟲魚

疏二卷、烏程令吳郡陸璣撰、崇文總目、吳太子中

庶子烏程令陸璣撰、世或以璣為機、非也、機自為

晉人、本不治詩、今應以璣為正云、二本知正其名

欽定四庫全書

說文解字篆韻譜卷一

東部一

南唐　徐鍇　撰

東

凍

蘜

辣

同

銅

童

侗

鍾

桐

箽

潼

侗

種

瞳

顒

圖

種

峒

說文解字篆韻譜

40169　**說文解字篆韻譜五卷**　〔南唐〕徐鍇撰　清乾隆影抄本　錦州市圖書館

詩古微卷之上

正始篇上

周禮太師以六詩教國子一曰風二曰賦三曰比四曰興
五曰雅六曰頌而六義與焉其體宏用博矣自漢人以四
始之說媲之後人皆據司馬遷關雎為風始鹿鳴為小雅
始文王為大雅始清廟為頌始之語為口實鳴呼何書不
有發端體例奚關大義而千年來相耳以熟未有憤悱求
通者何哉蓋嘗深求其故而知其皆三篇連奏皆上下通
用之詩皆周公述文王之德皆夫子所特定義至深道至
大也曷言皆三篇連奏也古者樂章每奏一詩為一終而

詩古微 卷之上

周官精義卷一

恭紀

聖制曰　知耕耨說十則

大宰統百官其專司也而以九職任萬民則司徒之事而仍
爲大宰所統也大宰之均四海於匕九職之民之
不使之安其六閭甲足其衣食無游手以失職者無饑寒以失
業者無菩禮而棄之栽者無奇功以戚衆者大如是別敷大之
下周不宰傳五穀以萌庶物遂生所謂凶民之利而利之而
民之蒙利已無窮矣或謂周禮爲理財之書雖大宰亦掌其

40171　周官精義十二卷　〔清〕連斗山撰　清乾隆四十一年（1776）刻本
瀋陽市圖書館

輪輖謂之牙

兵車乘車爲解

車之輪六尺有六寸田車之輪六尺有三寸今就

轂之總名矣考工記曰兵車之輪六尺有六寸乘

說文解字曰有輻曰輪無輻曰輇是輪又爲牙輻

察車之道必自載于地者始也是故察車自輪始

有輪輿輈之分而其用莫先于輪故考工記曰凡

車者輪輿輈之揔名故老子曰致數車無車雖

察車自輪始所以運車謂之輪

輪解弟一

40172 考工記車制圖解二卷 （清）阮元撰 清乾隆五十三年（1788）

七録書館刻本 遼寧大學圖書館

儀禮

士冠禮第一　鄭氏註　濟陽張爾岐句讀

鄭目錄云童子任職居士位年二十而冠主人
素積古者四民世事士之子恒為士冠禮於五禮屬嘉禮大
小戴及別錄此皆第二○賈公彥序云周禮儀禮並是周公
攝政太平之書疏云周禮儀禮亦名曲禮言儀者見行事有
威儀是一又云儀禮是踐履外內相因首
尾是一又云儀禮亦名曲禮言儀者見行事有威儀
見行事有曲折云士冠禮是童子任職為士年及二十其父兄
為加冠之禮鄭引齊語以證冠者與其父兄之皆士也其
仕於諸侯明非天子之士實則天子之士亦同此禮准主人冠
冠服有異疏又云天子諸侯同十二而冠自有天子諸侯冠
禮但儀禮之內亡耳士既三加為大夫早冠者亦依士禮三加
加若天子諸侯則多故大戴禮公冠篇云公冠四加緇布皮
弁爵弁後加玄晃天子之子亦四加袞晃則天子之子亦
用士禮而冠案家語云冠頌云王太子之冠擬冠則天子元子亦
氏亦擬諸侯四加若諸侯之子不得四加與士同三加可知陳諸
亦擬道云玉藻曰立冠未組纓天子之冠也緇布冠續緌諸

日講禮記解義卷之一

禮者所以經天地理人倫皆人性所固有而

非偽貌飾情之具也原其所起則高卑定位

而禮立焉萬物散殊而禮行焉聖人循天秩

之自然而制為冠婚喪祭朝聘燕饗鄉射之

禮以行君臣父子兄弟夫婦朋友之義凡所

為脩身齊家治國平天下之道未有外於此

者粵自唐虞以至三代遞有損益而於周為

盛蓋周公輔成王致太平述文武之德監夏

禮記卷一之一

大學　孔本第四十二　朱子別爲章句　又入學禮第十

子朱子章句　任啓運附註

八歲或十歲則入小學先教之以洒掃應對進退之節禮樂射御書數之文及其十有五年則天子之元士之子各入于黨之庠郊之學所升及諸侯大學之元子衆子齒三郊之學大子之元子衆子齒三侯郊之學所貢皆入於天子四郊遂之序以漸升而入於成均而與天子之元子衆子齒此其人皆有國家之責治平之任則所爲誠正修身以年授其尤則入于成均而與天子本見二程全書有小戴本今禮記有二程子今經本見鄭曉古言有小戴本見今禮記篇有大學名篇立其本旨鄭曉古言亦異有朱子考定本今所定本爲四書者是也宋儒若陸氏明儒若王氏本朝若李文貞皆謂不如小戴本愚謂禮記自劉德一百三十一篇後經二戴刪并皇南熊北篇次各殊譬之終

40175　禮記章句十卷　〔清〕任啓運撰　清乾隆三十八年（1773）耿毓孝
刻本　遼寧大學圖書館

讀禮通考卷第一

經筵講官禮部右侍郎兼翰林院學士教習庶吉士充 大清會典統志副總裁明史總裁徐乾學

喪期一

表上

乾學案上古喪期無數中古聖人以親疎定
服術上殺下殺旁殺而別爲再期期九月七
月五月三月之喪有恩有理有節有權著於
經禮卜子傳之其後代有因革或簡或詳其見
輕而重或古有而今省或後詳其見
於載紀者貞觀之律開元政和之禮司馬氏
之書儀朱子之家禮以及明之集禮考慈錄
會典稱情立文各有其義顧分見於諸書考
禮者卒難辨其同異乃倣國史之表列行排

40176　讀禮通考一百二十卷　（清）徐乾學撰　清康熙三十五年（1696）
昆山徐氏刻本　遼寧大學圖書館

五禮通考卷第一

內廷供奉禮部右侍郎今陞泰蕙田編輯

太子太保總督暨兼右都御史稇城方觀承同訂

國子監司業金匱吳　鼎

直隸按察司副使元和宋宗元　叅校

吉禮一

圜丘祀天

蕙田案禮莫重於祭祭莫大於天天為百神
之君天子為百姓之主故惟天子歲一祭天
周禮冬、日至祀昊天上帝於圜丘冬至取陽
生南郊取陽位圜丘取象天燔柴取達氣其
玉幣牲牢尊俎樂舞車旗之屬各以象類雖
一名一物之微莫不有精意存於其間故曰
郊祈以明天道又曰明乎其義治國其如示
諸掌乎自禮經不明章句之儒羣言淆亂朝

黃鍾通韻卷上

長白都四德乾文氏纂述

男　寶璸玉集校

律度衡量第一

古人格物窮理遠觀近取制律度衡量以成天下之

務律有宮商角徵羽度有分寸尺丈引衡有銖兩鈞

鈞石量有龠合升斗斛律爲聲氣之用有理無形律

之理形於度量權衡之氣發於絲竹金石絲竹金

石之聲正於律度量權衡之數生於律是以律爲萬

春秋釋例卷一

晋　杜預　撰

公卽位例第一 [案]此篇見永樂大
典其篇目亦存

隱元年春王正月傳曰不書卽位攝也

桓元年春王正月公卽位

莊元年春王正月傳曰不稱卽位文姜出故也

閔元年春王正月傳曰不書卽位亂故也

僖元年春王正月傳曰不稱卽位公出故也

文元年春王正月公卽位

左傳經世鈔卷之一

寧都魏　禧冰叔評點
夏邑彭家屏樂君參訂

鄭伯克段於鄢

初鄭武公娶於申曰武姜謚生莊公及其弟叔段

恭叔段鄭地出奔其故曰共叔段猶晉

莊公寤生驚姜氏故史記云困而後寤生生之難也

之鄂謂寤寐而莊巳生非凌稚隆云風俗通云寤生見如奴地

驚謂寤寐而莊巳生非凌稚隆云風俗通云寤生見如奴地

未能開目視其者爲寤生〇熊頣云寤生者急取書翻閱如

人曰寤者要其終也醫方小兒不有寤生者故驚若以

呼父乳名卽蘇莊公寤生姜氏不有寤生者爲怪故驚若以

左傳亞世鈔卷一　克段　一

40180　左傳經世鈔二十三卷　（清）魏禧評點　清乾隆十三年（1748）
彭家屏刻本　大連市圖書館

春秋繁露卷第一

楚莊王第一

楚莊王殺陳夏徵舒春秋貶其文不予專討也
齊慶封而直稱楚子何也曰莊王之行賢而徵舒
之罪重以賢君討重罪其於人心善若不貶孰知其
非正經春秋常於其嫌德者見其不得也是故齊桓
不予專地而封晉文不予致王而朝楚莊弗予專殺
而討三者不得則諸侯之得殆不恐待是矣此楚靈之所
以稱子而討也春秋之辭多所況是文約而法明也
問者曰不予諸侯之專封復見於陳蔡之滅不予諸
侯之專討獨不復見慶封之殺何也曰春秋之用辭
已者明去之未明者著之今諸侯之不得專討同已

40181　**春秋繁露十七卷**　〔漢〕董仲舒撰　明有嘉堂抄本　遼寧省圖書館
存六卷（一至六）

穀梁傳

大興王　源崑繩評訂

漣水程　茂尊江黎正

元年春王正月　隱公元年

雖無事必舉正月謹始也公何以不言即位成

公志也焉成之言君之不取為公也　句法〇欲抑
先揚章法也

君之不取為公何也將以讓桓也　立案讓桓正乎

折　曰不正　筆如山

波　曰不正　斷案〇落

春秋成人之美不成人之惡

春秋四傳卷之一

隱公一

公名息姑姬姓侯爵自周公子伯禽始受封傳進二十三而至惠公元妃孟子子孟子卒

其隱公攝主國事在位十一年謚法不尸

繼室以聲子生而有文在其手曰為魯公夫人故仲

子歸于我公生桓公而奉之惠公

胡傳

然孟子曰春秋作者亡矣今按迹熄而詩亡詩亡

秋時詩也而謂詩風作天下無復有雅王詩也而曰

自之黍離降為國風詩天下無復有雅王詩也而曰

者之後又按小雅正月之刺幽王詩也而曰

王曰赫赫宗周襃姒威之威惠公逮魯孝公既東矣幽

邾蒲反　復昧反扶　又反扶　威胡反　悅反

40183　**春秋四傳三十八卷**　清康熙十五年（1676）刻本　遼東學院圖書館

日講春秋解義卷之一

隱公名息姑惠公之子以平王四十

　九年嗣位諡法不尸其位曰隱。

左傳惠公元妃孟子子宋孟子卒繼室以聲子

生隱公聲子孟子之姪娣也元妃卒攝治內事故謂之繼室。宋武公

生仲子仲子生而有文今河南歸德府雎陽縣。宋杜注梁國雎陽縣治。

在其手曰爲魯夫人魯括地志曰曲阜縣外城。故仲子歸于我生桓公而惠公薨是以

　府州克所築也今屬山東。伯禽所築也今屬山東。

隱公立而奉之少立爲大子率國人奉之爲

　追成父志以位讓桓爲桓尚

經元年春不書卽位傳。

孝經集註

開宗明義章第一 [此章開張一經之宗本。顯明五孝之義理。故以]

開宗明
義名章。

○仲尼居曾子侍子曰先王有至德要道以順

天下民用和睦上下無怨女知之乎曾子辟席 [女音汝]

日參不敏何足以知之子曰夫孝德之本也教

之所由生也復坐吾語女 [女音汝同辟音避夫音扶語去聲○仲]
尼孔子字名丘曾子孔子弟子名參字子輿居
燕居閒暇之時侍侍坐也至者至善之義要者
簡約之名也德也一也自其得於心而言曰道
德自其行於身而言曰道德之至即所以為道

孝經集註

孝經集註

開宗明義章第一　此章開張一經之宗本。

　　　　　　　顯明五孝之義理。故以

　　　　　　　開宗明

　　　　　　　義名章。

○仲尼居。曾子侍。子曰。先王有至德要道以順

天下。民用和睦。上下無怨。女知之乎。曾子辟席

曰。參不敏。何足以知之。子曰。夫孝德之本也。教

之所由生也。復坐吾語女。女音汝下同辟音避○仲

尼孔子字。名丘曾子孔子弟子名參字子輿。居

燕居閒暇之時。侍侍坐也。至者至善之義。者

簡約之名。道也德也。一也。自其得於心而言曰

德。自其行於身而言曰。道德之至。即所以爲道

說文解字弟一上　漢太尉祭酒許慎記

銀青光祿大夫守右散騎常侍上柱國東海縣開國子食邑五百戶臣徐鉉等校定

十四部　六百七十二文　重八十

凡萬六百三十九字

文三十一　新附

一　惟初太始道立於一造分天地化成

40187　**說文解字十五卷**　（漢）許慎撰　清初毛氏汲古閣刻本　遼寧大學圖書館

說文字原考略　卷一

許氏說文偏旁五百四十部

第一卷

南城吳照照南輯

一　於悉切
上　時掌切
示　神至切
三　穌甘切

王　雨方切
玉　魚欲切
珏　古岳切
气　去既切

士　鉏里切
一　古本切
｜　劉本切
屮　丑列切
艸　倉老切

40188　說文字原考略六卷　（清）吳照輯　清乾隆五十七年（1792）刻本　遼東學院圖書館